台灣地圖 049

跟著廟口說書人看廟趣

聽！郭喜斌戲說彩繪╳剪黏╳交趾╳木雕╳石雕
經典裝飾故事

郭喜斌　著

晨星出版

要了解一個地方的文化跟藝術，傳統的宗教建築是一個良好的學習場域。因為無論是東方或是西方，傳統的宗教建築之所以經典，是因為過去人們認為，這些場域是眾神居所，是獻給神，因此願意耗費巨資聘請一流巨匠，以繪畫、雕刻、泥塑……等方式，來裝飾神聖空間，而被聘請的匠師，必須卯盡全力，費盡巧思，彼此拚場，將十八般武藝展現。

宗教建築場域就是早期的美術館、音樂廳、博物館，翻閱西洋藝術史可知，達文西的作品〈最後的晚餐〉、米開朗基羅創作的〈最後的審判〉都是取自西方宗教故事，這些藝術作品，是宗教建築體的一部分，內容在台灣目前的教科書中都輕易可以找到。

不過談起台灣民間傳統的寺廟藝術，長期以來卻被正規教育輕忽、漠視，即使是大專院校任教的學者，能認識這些寺廟圖像內容的也只是麟毛鳳角。而一般人若對自己故鄉的文史缺乏研究，也就更難透過圖像符碼，了解其背後的意義。所幸，郭喜斌老師的大作《跟著廟口說書人看廟趣》正好補其不足，給予了台灣人說自己文化故事的機會。

我認為《跟著廟口說書人看廟趣》這一本書，是愛鄉、愛土的著作，本書以淺顯易懂的方式，將台灣寺廟各類巧奪天工的藝術，進行元素分析。透過郭老師生動的文字解說，彩繪、剪黏、交趾、木雕、石雕等都不再是靜態的藝術，而是透過圖像符碼的聯想，與背後的傳統文學的結合，變成一齣又一齣的動態戲劇，可謂是活靈活現。

而本書最大的優點是，這是一本可以帶著走讀，到寺廟現場比對觀摩的書籍，我認為是鄉土教學、發現地方美學的最佳範本，也是讓地方找回光榮感、自信的好書，非常值得推薦閱讀。

2021.09.07　　蕭文杰

台北文資環境守護聯盟

　　他佇立在文化的水田，端望著遠方。文化工作對就像是他在田埂間巡田水的日常，常常雙腳沾染著土壤，揮舞著文化的鋤頭，在烈日下流著汗，翻土般的將台灣傳統工藝典故的蘊涵不斷再生。

　　我一直是喜斌老師的忠實粉絲，所以常常追著他的 FB 專頁，每次我總是期盼著從他那裡可以「撈」點什麼，因為他的「齣頭」實在太多了，所以對於廟宇裝飾藝術典故如數家珍，且娓娓道來的不僅是精湛的忠孝節義、三國演義或神仙故事，更讓人看到民間的文化底蘊。

　　喜斌老師笑談他這本著作是二次蓮花化身，我想這不僅是從原書的東採蓮花二枝、西摘荷葉三片而已，這本書出版是更令人期待的持續文化耕耘的結果。而晨星出版社不遺餘力持續催生與再生喜斌老師的著作。使社會大眾撥開雲霧，得以欣賞台灣裝飾藝術工藝典故，不再霧裡看花。並且以說書人的方式，讓人從作品人物布局和空間表現，更加瞭解藝師所有表達的戲曲典故及其意義。進而認識民間信仰場域～宮廟，就是傳統社會最重要的教化場域。

　　當然，也不只是在台灣的廟口可以聽到郭老師說書，猶記2019年，台灣文物保存團隊協力馬來西亞世界文化遺產區檳城文山堂的建築彩繪保存時，喜斌老師就瀟灑的走踏古城裡，領著我們在華人聚落的街口巷弄，遊覽家廟祠堂、廟宇的裝飾藝術之美，連當地人也都聽得非常著迷，引起一陣文化界騷動。

　　就像喜斌老師一如平常在水田裡耕作般，隨著足印可見他仔細的田野觀察，以及細究身處在我們生活空間的美學。我相信隨著本書的出版，喜斌老師在台灣很快的就會有超過300場說書，讓更多人跟著他像偵探般，逐一解開每個傳統建築之間其裝飾藝術之謎；透過他生動逗趣的講解，更讓那些不會說話的戲文作品，活靈活現的展現出來。

　　身為傳統裝飾藝術保存工作者之一的我，非常推薦大家可以帶著這本書，親自到廟宇、民宅、祠堂與各種具有傳統工藝的現場，細細欣賞在我們眼前演出的每齣戲碼。

2021.09.15　邵慶旺

國立臺灣藝術大學古蹟藝術修護學系助理教授

自序

　　2021年的這本新書《跟著說書人廟口看廟趣》，原是貓頭鷹出版社發行的《聽！台灣廟宇說故事》。這次，在晨星出版社大力支持下，終於有了比較活潑的表現。

　　寫作者不揣淺陋，野人獻曝，盼望能有更多人加入關懷民間公廟裝飾藝術，讓宮廟找回本就屬於民間社會的教育功能與義務；同時也把屬於台灣「在地自我文化認同與自信，乃至尊嚴」重新建立起來。

謝誌

　　十多年來，要感謝的人很多，嘉義、台南、屏東、高雄、花蓮、台東、宜蘭、苗栗、雲林、鹿港、彰化……很多貴人相助。就算是出題考驗磨淬我的；都是我久旱之渴的甘露，在此無法一一致謝。但我要特別感謝來自金門的朋友楊朝欽先生（專業媒人公小朝），只要我回雲林，他總會相邀一起去看廟。

　　還有住在南投的忘年摯友張譯壬先生，他一有時間就帶我南北四處尋訪有意思的宮廟，看廟拍作品，並且與我分享心得，教我很多民俗的知識。

個人心願

　　其實，還有個乞者大願；希望能在適當的時機進國會議事殿堂，講些從各地民間公廟裡的裝飾藝術的觀察心得與感想，讓更多民間主事者與社會人士，轉身回頭關懷自己及地方的藝術門面與藝術形象。個人相信，不管是販夫走卒或江湖人物，都會惜張臉皮的。只要讓人們看懂那些「花樣圖紋」所表彰的內涵和意義，自然懂得捨臭擇馨。

2021.09.13　郭喜斌

封神演義在雙北

桃竹苗西遊記

民間故事在嘉義

台南三國演義

封神演義
在雙北

雲中子進木劍

雲中子進木劍

紂王

　　紂王是商朝帝乙的第三個兒子，原名帝辛，也稱壽王。但後世以紂王稱呼他；帝乙生了三個兒子：長子微子啟；次子微子衍。

　　帝乙命文武大臣跟隨，到御花園遊賞牡丹，忽然間飛雲閣塌了一梁，壽王托梁換柱，力大無窮；首相商容、上大夫梅伯、趙啟等人因此上本，建議帝乙立壽王為東宮太子。

　　帝乙在位三十年駕崩，把江山托孤給太師聞仲，壽王登基為王，帝都朝歌。

　　一開始壽王還算是個明君，朝政清明。後來因為到女媧廟進香，不料微風吹拂聖殿遮住女媧聖像的簾幕，讓紂王看到女媧的尊容。紂王一時興起在粉牆上題詩冒犯神威。

　　女媧娘娘回到神殿看到題詩，怒氣橫生，命碧霞童子駕著青鸞前往朝歌，要給紂王警惕一下，以警世人，以顯神威。可是來到朝歌皇城半空。女媧娘娘卻被紂王的兩個兒子～殷郊和殷洪頭上的紅光沖住。靜思之後，算出殷商還有二十八年氣運。於是回宮用聚妖幡喚來軒轅

紂王

MAP 01

雲中子捧著木劍

古墓裡的妖精，千年狐狸精、玉石琵琶精、九頭雉雞精進入紂王後宮迷惑他，讓他敗壞朝綱。自此紂王開始沉迷酒色。

地點：台北市大龍峒保安宮

作者：潘岳雄

年代：約2005年

藝類：彩繪

雲中子

　　封神演義之中的雲中子，是終南山玉柱洞的煉氣士，與世無爭。祂是封神演義之中的福仙，不犯九曲黃河陣群仙一千五百年的大劫，也是第一位出現在演義中的修道人。因為出門採藥，才出洞門就看到東南方朝歌城的空中妖雲密布。算出殷商氣數將盡，有妖魔鬼怪在皇宮迷惑君王。於是回洞中命童子砍下松枝削成木劍，進皇宮獻給紂王。想要紂王自己思察身旁的妖魅進而避除。沒想到紂王受魔侵日久，已難自除。雲中子在木劍被燒毀之後，題詩在三朝元老杜元銑府中的照牆上。杜元銑入宮諫君，被紂王降旨斬首示眾。雲中子後來在文王進京半途拾獲嬰兒，取名雷震子。雲中子把雷震子帶回洞中扶養。日後成為姜子牙領兵東征的一員大將。雲中子自己也多次下山幫助姜子牙。

延伸賞析

　　本彩繪是台南春源畫室的第三代傳人潘岳雄在台北市大龍峒保安宮的作品。潘岳雄師傅藝承其父潘麗水，畫風典雅，人物五官清秀，用色素雅，層次分明。

　　本作品之中，雲中子欲去還留顧首回盼；紂王以肘靠案，神情略呈散漫。若以整段故事來講，紂王的表情，有融合前後劇情的意圖。侍從和紂王身後的官員，主要在豐富故事的氛圍，讓畫面不至於太過單調。

「雲中子進木劍」，是為天下蒼生著想，想替紂王掃除妖氛，借木劍執行去除邪氣。

「徐母罵曹」，則由賢人徐庶的母親，直接對奸臣曹操開罵。罵他身為漢相實為漢賊，而劉備仁義服人，廣受天下百姓景仰。奸臣想騙徐母寫信，叫兒子前來「助紂為虐」？但徐母開罵，「除非日落東山，否則萬萬不能。」說完拿起桌上石硯向曹操擲去。

① 雲中子進木劍／高雄茄萣金鑾宮

② 徐母罵曹／高雄茄萣金鑾宮

為什麼「雲中子進木劍」要和「徐母罵曹」配對啊？

　　這兩幅畫作是廟方依原作相片，請畫師許良進仿舊樣重現的作品。

　　兩件作品同時都有一個王（紂王，王僚）。「雲中子進木劍」，是要除掉紂王身邊的妖氣；「專諸進魚」，卻是準備刺殺王僚。兩者所要傳達的意境，雖然都是以「進」為主題，但一為護王者的江山，為蒼生除妖；一個卻是替人爭奪王位。

③ 雲中子進木劍／台南灣裡保安宮

④ 魚腸劍／台南灣裡保安宮

請郭老師來
幫忙解答一下喔！

文王燕山得子

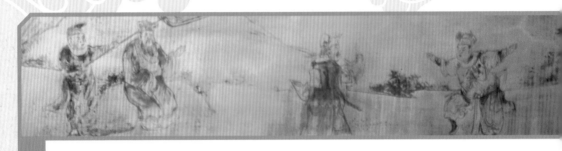

紂王自招其禍

　　妲己被雲中子的木劍所傷，紂王受狐狸精迷惑將木劍用火焚毀之後，更是寵愛美人妲己。忠臣直心上諫，紂王不耐煩眾人嘴碎，君臣相爭；有的被斬首示眾，有的自殺身亡。紂王想討耳根清淨，竟然要堵忠臣之口向妲己求計。妲己進言：「國家大事妾一女流難當大任。」建議另宣大臣費仲、尤渾入宮研議。在兩名奸臣的煽惑之下，竟然降旨把四大諸侯宣召上京，打算除掉他們。

西伯侯姬昌入朝歌

　　西伯侯姬昌接到聖旨入朝歌。行前告知兒子們說他有七年牢獄之災，期滿自回，不必派人前往營救；否則將災禍臨身，切記！說完即刻起程前往朝歌。

事說
新語

　　西伯侯姬昌奉召入朝歌半途撿到雷震子；但是前因卻是紂王無道受狐狸精蠱惑，奸臣弄權造成的；良藥苦口、忠言逆耳。紂王不想聽忠直諫言，就想把天下的好人都殺掉。這樣的事情放諸古今從沒少過。小說所寫的不一定是真實的歷史，但是卻能忠實的把人性刻劃出來。

　　姬昌能夠未卜先知，卻無法替自己避掉災難。這情「遇事難圓」就當成上天註定的觀念，深植民心。有人說這叫宿命論，但反想過來，也不是一件不好的事。凡事認真努力，但結局不如人意的時候，能給自己有個解脫的理由，讓自己不要太難過，也是一件好事。

MAP 02

一行人來到燕山，西伯侯要隨從們趕路，找個能夠避雨的地方。眾人看天空無雲，無法理解大王的意思但仍遵命前行。果然，沒多久真的下起雨來。接著又聽到雷響，西伯侯說應是將星臨世降生。要大家四下尋找，果然發現一個嬰兒。

西伯侯擔心嬰兒的父母擔心着急，命人到附近的村莊問問，看看有沒有嬰兒失蹤的事情發生，好把嬰兒還給他的生身父母。眾人找了半天卻沒發現。

文王百子

西伯侯已有九十九個兒子，就將這個嬰兒收為義子，湊成百子之數。因為在打雷之後發現的孩子，就把他取名雷震子。嬰兒後來被道長雲中子收為徒弟，帶回仙山扶養。日後成為姜子牙興兵伐紂的一員大將。這就是西伯侯稱文王後傳頌的「文王燕山得子」的故事。

地點：新北市土城五穀先帝廟
作者：許連成
年代：約1983年
藝類：彩繪

延伸賞析

本圖中，可從角色與布局觀之，有隨從數名，不拘文武官員皆有。山樹景色依畫師和業主的共識而定。潘麗水的作品常見優雅的環境描寫。

落款：燕山得子，丙午，季冬之月，麗水，寫

文王與雷震子　　　文武官員隨從　　　題名落款

● 潘麗水 ／ 1966 年 ／ 彩繪 ／ 嘉義仁武宮

李哪吒鬧東海

關鍵人物與故事

師徒情緣

　　乾元山金光洞太乙真人，將洞中靈珠子送到陳塘關總兵李靖府中投胎。太乙真人只因奉了師父元始天尊旨意，要替興周滅紂的姜子牙栽培一名先鋒官，將洞中鎮洞之寶混天綾和乾坤圈一同賜給靈珠子，想讓兩件寶貝做為童年時期護身之用。

　　太乙真人在靈珠子落土不久，就來到李靖家中探望他。李靖同為道門，看到道友前來拜訪，要求真人賜名給嬰兒，真人將嬰兒取名哪吒；同時又叮囑李靖，小孩落土時辰恰好犯了殺劫。這個小孩七歲之前不能出關，否則恐有大禍臨門。李靖放在心上，真人回乾元山金光洞。

龍三太子

事說新語

　　李哪吒鬧東海的故事情節，有種保護過當的嫌疑。本意是為了保護幼童，卻沒想到那些東西在不知節度的情況下，對別人的生命是有威脅的。等到事情發生之後，太乙真人又再賜給哪吒更危險的法力，讓他一錯再錯，最後連同自己的性命也斷送在自己手上。雖然說是為了興周之途舖設，卻也讓哪吒的形象定於頑皮而難以脫解。

MAP 03

地點：新北市樹林濟安宮

作者：不詳

年代：約1994年

藝類：彩繪

哪吒無知惹禍

　　哪吒七歲那年夏天，因為天氣熱，吵著母親要到城外玩耍。母親愛子心切，一時間忘了七年前道人的交代，派家丁陪同與哪吒一起出城去了。

　　哪吒來到九灣河畔，小孩看到水好比貓看到老鼠一樣高興的不得了。家丁看了看河水，溪流淺淺水質清澈，放心讓哪吒在細沙淺灘玩水。

　　哪吒一身赤條條的在淺灘玩著，溪裡的魚蝦倒也不怕人，都來靠近哪吒。只是哪吒玩啊玩的，那些魚蝦沒多久都像灌了酒一樣顛顛倒倒東漂西盪。正當哪吒興緻正濃的時候，忽然間來了一條會說話的怪魚，把哪吒嚇了一跳。哪吒本能反應將身上的混天綾抽出來往那妖怪一甩，那條怪魚就死掉了。過了不久，來了一個自稱是東海龍王的第三個兒子敖丙責罵李哪吒。李哪吒被罵到性起，脫下手上的乾坤圈把敖丙打出原形，還把牠的龍筋給抽出來，帶回家想孝順父親。

哪吒

延伸賞析

　　畫作雖然經過歲月和煙燻，依然可以看出人物對應的爭戰氣氛。哪吒祭出乾坤圈，正往龍王三太子攻擊。而龍王三太子一身甲冑，手持大刀，腳踏鰲魚，不甘示弱追著哪吒。後面化成人形的水族，有增加整體畫面豐富的效果。

　　紅色和綠色可畫龍點睛，讓幾個主要的角色益加凸出，把人們的目光都吸引了。

　　哪吒手中的火尖槍和風火輪，照劇情來講，這個時候還沒出現。但順主人意才是好功夫的情形下，畫師偶而也不得不做這樣的安排。算來也是瑕不掩瑜的折衷表現。

台南善化慶安宮 ｜ 土行孫出世 VS. 哪吒鬧東海

　　李哪吒七歲大鬧東海。而土行孫五短矮小，卻有奇能地行術。兩人都在姜子牙帶兵攻伐無道紂王的陣上，建功立業。

① 土行孫出世／台南善化慶安宮

② 哪吒鬧東海／台南善化慶安宮

我來搜尋一下。

土行孫是誰啊？

台中龍井福田宮 | 朱仙陣 VS. 哪吒鬧東海

　　一個不知道天生神力，卻被好奇心驅使惹事；另一個是從小就被敵人收養，長大之後不分敵我，打敗自己國家的軍隊——岳家軍。後來兩人都被教化了，改邪歸正。

③ 朱仙陣 / 台中龍井福田宮

④ 哪吒鬧東海 / 台中龍井福田宮

仔細看看彩繪作品中，有哪些角色喔！

太乙眞人收石磯娘娘

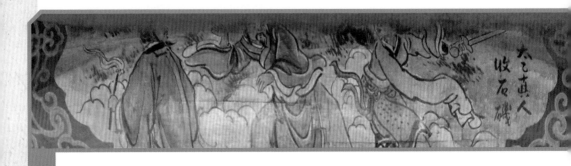

關鍵人物與故事

哪吒闖禍找師父解危

哪吒打死龍王三太子，被龍王告上家門，哪吒被禁足不准出門。沒想到太閒的哪吒無意間發現城樓上的乾坤弓，並射出震天箭，結果射死骷髏山白骨洞石磯娘娘的愛徒碧雲童子。石磯娘娘算出是陳塘關道友李靖所有，命令黃巾力士將李靖從陳塘關捉到洞中問罪。李靖被捉到石磯面前，卻一再表示自己是清白無辜的，願意回去調查清楚找出兇手，帶來給石磯娘娘治罪。石磯沒為難李靖，放李靖回去。

李靖回府問過哪吒，哪吒被套出話來，承認射箭的事。李靖無奈帶著哪吒再上骷髏山白骨洞。石磯娘娘在洞裡跟李靖講話。哪吒心想，先下手為強後下手遭殃，祭出乾坤圈又打死彩雲童子。石磯娘娘聽到洞外哀聲，出洞一看，更是怒不可遏。兩人展開一場大戰。哪吒不是石磯娘娘的對手，一路直奔乾元山金光洞，去找他師父太乙真人求救。

MAP 04

太乙真人救徒燒死石磯娘娘

石磯娘娘在洞外指名太乙真人把哪吒交出來，讓他帶回去治罪。太乙真人卻說，人就在洞裡，但李哪吒天命在身，你不能動他。兩人一言不合大打出手。哪吒在布簾後面看到師父大展神通對付石磯娘娘。一下子用金磚攻擊石磯娘娘，一下子又用九龍神火罩去罩她。哪吒在旁看到師父的法寶那麼多，禁不住開口大喊：「師父，要是有這些東西，我就不用來麻煩您了，還讓師父費心出手。」太乙真人也不管哪吒在那裡鬼叫，只問石磯娘娘，此事是否甘願就此罷手，放過哪吒這回？石磯娘娘在九龍神火罩裡依然不肯服輸，大喊：「太乙真人，汝太過護短，是非黑白全然不分，今天非你死便是吾亡。」太乙真人一邊思慮，殷商無道當滅，周室當興。姜子牙不久就要起兵攻伐朝歌，還等著哪吒學成擔任先鋒官一職，沒時間浪費在這石磯娘娘的身上，把九龍神火罩裡的九龍烈火全開，燒死了石磯娘娘。

地點：新北市三重先嗇宮

作者：潘岳雄

年代：約1982年

藝類：彩繪

延伸賞析

太乙真人身穿藍色道袍，袍上刻意加上太極圖，這是人們對道士的印象圖騰之一；他一手仗劍一手祭出九龍神火罩，正向石磯娘娘發動攻擊。

而石磯娘娘一身衣帶飄飄，帶著傳統美術裡仙女下凡之姿出現。她也不示弱，持劍與太乙真人相抗。

哪吒在角落，回頭觀望他們兩人的戰況。展現他天真的稚氣，想要和人家一爭高下，卻力微幫不上忙的情形。整個畫面來看，山野樹景和雲霧滿天各占一半。讓人望之猶如在欣賞一部動畫片一般，神氣十足。

選這件做為延伸賞析圖解，主要是因為它的表現，比較符合劇情所呈現的情境。

李哪吒　　太乙真人　　九龍神火罩　　石磯娘娘　　提名落款

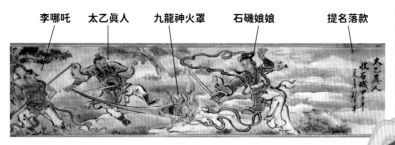

● 太乙真人收石磯娘娘／彩繪／雲林褒忠馬鳴山泰安宮

姜子牙火燒琵琶精

姜子牙初次下山

姜子牙在元始天尊駕前修道，因與仙道無緣，天尊命他下山等待時機幫武王伐紂，好享受人間福報。子牙三十二歲上崑崙到七十二歲才重返紅塵，舉目無親，他想到有異姓兄弟宋異人在朝歌，便前往投靠。宋異人看到姜子牙到來，立刻幫他安頓起居，並替他娶了房媳婦，馬氏。姜子牙承宋異人幫忙，作了幾回生

姜子牙

事說新語

套句近代流行的話，好奇會殺死一隻貓。玉石琵琶精沒事去湊熱鬧，被姜子牙識破妖精的身分，把牠捉到紂王面前用三昧真火燒成原形。只不過這一燒也讓姜子牙跟狐狸精結下不解的冤仇，幸好姜子牙使出在元始天尊那裡學到的法術逃走，保住一條性命，日後帶兵回攻朝歌替天伐罪，除掉這隻危害蒼生的千年狐狸精。

MAP 05

意總是不起色，後來知道姜子牙會替人看相斷吉凶，就鼓勵他擺起卦攤營生。

琵琶精自取其禍

這日，玉石琵琶精進宮與妲己狐媚紂王，回程看到姜子牙在路邊替人算命，起了玩心，想去試那姜子牙的功力，無奈卻被子牙識破玄機扣住手脈，拖到紂王面前，用三昧真火把她燒出原形。

地點：新北市中和廣濟宮　作者：蔡孟學（龍都寺廟彩繪）　年代：約2013年　藝類：彩繪

延伸賞析

陳天乞的剪黏作品，向來吸引人們的目光；看紂王與妲己在亭景裡面望著前方的玉石琵琶精，被姜子牙手指射出的三昧真火燒得驚慌失色。一支琵琶的上半段置於小旦的背後，那正是琵琶精的原形。匠師用這個方式告訴觀眾，這個女人不是人，她是妖精變的。

另外兩名官員，一方面豐富畫面，一方面也在事情發生時，表現出群臣圍觀。不過這樣的安排，也要工資和匠師的才華能達到一個水準才做得出來。

姜子牙的仙風道骨，紂王的霸氣，狐狸精妲己和玉石琵琶精的嬌柔，在這都有很好的掌握。

化爲人形的玉石琵琶精　　玉石琵琶原形　姜子牙

●姜子牙火燒玉石琵琶精／陳天乞／玻璃剪黏／雲林西螺廣福宮

文王吐子

文王脫災回國

　　文王姬昌被囚禁在羑里七年，在那裡他將先天卦伏羲八卦反復推演，變成六十四卦；民間文王聖卦就是這個典故，後天卦也說是文王排出來的。

　　在這七年之間，他的兒子伯邑考曾經獻寶救父，不幸被妲己害死。紂王聽信奸妃妲己讒言，用他的肉做成包子拿給文王吃。

　　奸妃用的計策很狠毒；他們放出風聲說，據說文王的卦很準，如果很準的話，就能算出肉包是自己兒子的肉，不會吃。如果不準就會吃。（俗話說虎毒不食子。不吃，就表示他的卦準；吃了，除了說他卦不準之外，更能說文王不是一個仁君。）文王明知是親生兒子的肉去做的肉包子，為了保存生命做為日後拯救蒼生的原因，還是吃了肉包子。因為紂王和一班奸臣覺得如果西伯侯姬昌的卦不準，對自己就不會產生威脅，放他回去就不會有問題。

　　當一個君子面對一個比他強的人不會感到威脅，但是一個小人就不是這樣想的。文王姬昌深知這點，只好假裝自己什麼都不會，卦失準了，還吃掉以自己兒子的肉做的包子。孫臏裝瘋逃命也是這樣，可謂不論古今，都有這樣的事情發生。

MAP 06

地點：新北市新店劉家祖廟

作者：許連成

年代：約1962年

藝類：彩繪

（因北捷捷運機場線興建，異地重組中，2021年3月補記）

三隻白兔

　　文王災厄滿了，經大夫散宜生向紂王奸臣行賄，被放回西岐。

　　文王一行人來到臨潼關卻無法通行。在這時七年前救的嬰兒雷震子出現，他奉師命前來救出文王等人。文王踏上西岐故土之後，腹中突然發疼，不久吐出三個肉團，三個肉團落地化成三隻白兔跑入草叢之中。文王心裡明白那三隻白兔是伯邑考所化，要讓文王回到故國才吐出，也算是帶子回鄉，這是文王吐子的由來。

　　民間說嘔吐也叫捉兔子。

　　有人以文王吐子之後穢物變成白兔，把這個橋段也稱做《白兔記》？只不過《白兔記》在民間戲曲常指〈劉智遠斬瓜精〉～咬臍郎追白兔與母相見的《井邊會》這齣戲；前面是折子小戲，後面是一部連篇大戲。在此一同提出，跟大家交換心得。

延伸賞析

　　潘麗水的作品。山水風景畫當中，山石樹景以褐色調和青綠色調濃淡表現。人物五官，文人的俊秀，武官的豪邁，也英挺飽滿。文王被兩個年少的太子扶著，他從口中吐出的穢物落地竟然變成白兔。潘麗水此幅作品，把文王吐子的劇情表達得淋漓盡致，被譽為一代大師，真的名不虛傳。

小白兔，有時會出現三隻　　**嘔吐中的文王**

● 文王吐子 / 潘麗水 / 彩繪 / 嘉義市仁武宮上帝公廟

黃飛虎反五關

紂王君戲臣妻

紂王君戲臣妻，黃飛虎的妻子受辱，跳摘星樓死亡，飛虎的妹妹西宮娘娘和妲己吵架，紂王護著妲己，一氣之下捉起黃妃，也往摘星樓下摔去。姑嫂兩人香消玉殞。

黃飛虎大鬧宮廷

消息傳回武成王府，黃飛虎怒氣衝天，想要衝進皇宮替妻妹報仇。然冷靜又想回來，黃家七代忠良，若為兩個女人就反了君王，累世英名豈不付諸東流？但眾家兄弟早已對那紂王奸妃恨之入骨，用了激將法讓黃飛虎不得不反了朝歌。黃飛虎入宮與紂王理論，紂王大罵飛虎以下犯上是為欺君之罪，君臣展開大戰，飛虎被眾家兄弟和部將激擁大戰紂王，（此為黃飛虎反金城）之後又被眾將擁著打出朝歌往西岐而去。

黃飛虎反五關

黃飛虎等人逃到界牌關前，守將是黃飛虎的父親黃滾，黃滾責罵飛虎，一家七代忠良，沒理由為了幾個女人就把累世英名盡付東

MAP 07

流；飛虎無言，順從父親自綁，準備回京接受制裁。想也沒想到，飛虎的情義兄弟周紀、黃明等人心清眼明，不肯再助紂為虐，用計拐騙老將軍黃滾（這段是黃飛虎反五關），讓他也反了朝歌，跟著大家一同投奔西岐。

　　沒多久聞太師帶兵追趕，來到澠池縣前。飛虎的探子回報，前方及左右總共三路，來了張鳳、張桂芳、魔家四將三隊兵馬。在前無去路、後有追兵的緊急時刻，被清虛道德真君施展法術，掩騙追兵的耳目，也讓聞太師中計，追著空氣回朝。可是，黃飛虎等人還是被捉，釘入囚車往回運送。幸好哪吒奉師命將眾人救出，護送到達西岐邊界，之後黃家一門三代（黃滾、黃飛虎兄弟、黃天化兄弟），都是武王征紂的重要角色。

地點：新北市三重普庵宮

作者：許連成

年代：不詳

藝類：彩繪

延伸賞析

　　能把堅硬的石頭，刻得人形有骨有肉，不論是公侯將相的霸氣，或是修道人的仙氣瀟灑，都表現的恰如其分。

　　右上方的聞太師，騎著墨麒麟持鞭，準備追趕反出朝歌的黃飛虎。後方角落裡的清虛道德真君，一派自在遠望全場，彷彿在說：聞太師，你是趕不上黃飛虎的。

　　中下方，分別有逃難的黃飛虎騎著五色神牛，和代表聞太師兵馬的魔家四將。

　　整組作品，不論是山石或樹景，都以多層次的表現，鏤空、內枝外葉、三面見光都用上了。人物的五官，該俊的英雄黃飛虎，該粗獷的武將，都能讓人一一細賞。

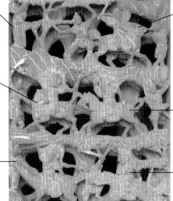

清虛道德真君
在最角落，施法掩護飛虎等人。

魔家四將
以這個大鬍子拿斧為代表。

黃飛虎
黃飛虎騎牛在最前面奔跑。

聞太師
聞太師騎黑麒麟，拿竹節鋼鞭在後面追趕。

張鳳拿大刀

張桂芳拿槍

● 蔣九 / 1948 年 / 石雕 / 雲林東勢賜安宮

子牙下山遇申公豹

張桂芳逞威能

黃飛虎全家投歸西岐之後，聞太師聞仲卜了金錢卦，得知黃飛虎已經投向西岐，於是發令命青龍關張桂芳，前往西岐向姜子牙興師問罪。張桂芳兵到西岐，憑著喚人魂魄的妖術，只要被他喊出姓名的紛紛落馬被捉回營去。黃飛虎、周紀、南宮适等人皆被擒去。雖然哪吒奉命下山相助，也只能暫時以免戰牌抵擋。姜子牙不得已安頓西岐境內，然後回到崑崙山玉虛洞請師尊幫忙。

天尊囑徒莫停留

元始天尊見子牙回來告訴他，剛好找你。元始天尊命南極仙翁請出「封神榜」給姜子牙，要他回西岐造一座土台，擇日高掛。至於破張桂芳大軍的事情，元始天尊卻說那是凡間的事情，自有退敵時機到來。

子牙領法旨走出洞門卻又被童子喚入，說師尊還有話說。原來是元始天尊特別叮嚀，途中若有人叫喚，「切記！不可回頭應他。不然三十六路軍馬踏西岐。」

> **事說新語**　古言說，「寧可得罪君子，莫要得罪小人」；小說中有這樣的事，人世間就有這樣的人。民間俗諺也有「戲棚上有那種人，戲台下就有那樣的事。」雖然都是闡教的門人，但是每個人的生性卻大不相同。即便是同胞的兄弟姐妹，也不見得都會顧惜手足之情，兄弟反目的事情自古有之，何況只是同門的師兄弟。

MAP 08

地點：新北市林口頂泰山巖

作者：許連成

年代：約1973年

藝類：彩繪

申公豹戲弄姜子牙

　　果然半途有人呼叫，姜子牙本來不理，經不起那人一再叫喚，停下腳步應了他。原來是同門師兄申公豹，申公豹問姜子牙背後背的是什麼東西？姜子牙老實古意並未隱瞞，說是師父給的封神榜。申公豹心裡不平，為什麼身為師兄，師父元始天尊竟然把封神榜給姜子牙不給自己。就花言巧語想騙姜子牙，說我們來比道行法術，如果我輸了，就讓你去西岐建封神台掛封神榜，若你輸了就當場把封神榜燒掉好不好？姜子牙回答，要怎麼比？

　　申公豹說：「我們把頭砍下來然後再接上，這個你會不會？」

　　「這個太難了，我沒辦法，你有辦法再接回去嗎？」

　　「我可以啊。記得，如果我能把頭接回去，你就把封神榜就地燒掉。」

　　申公豹說完也沒等姜子牙回答，真的抽出寶劍把自己的頭給砍下來，然後丟到半空中。

南極仙翁怒斥申公豹

　　姜子牙抬頭看到師兄的頭竟然能飛，嚇得目瞪口呆，忽然間後面被人拍了一下，又聽到南極仙翁的罵聲：你這個獸子，人家一招邪教的妖法就把你給騙得團團轉。要是真燒了封神榜，豈不誤了封神大事。

　　南極仙翁也明白，明明師父元始天尊特別吩咐，但子牙仍應了這個死對頭的小人申公豹的呼喚，就已註定東征之前必須遭遇四九之劫，如果申公豹不放他走，三百六十部正神豈能圓滿。罷了。南極仙翁命令白鶴童子把頭叼回來給他裝上，誰知道白鶴似有故意，放下申公豹的頭時給放錯方向，把他的頭給裝反了，申公豹用雙手捉住兩隻耳朵扭了半天才把頭轉回正向。南極仙翁訓斥了申公豹一番，把他放走了。從此申公豹更是恨姜子牙入骨，也赴三山五嶽邀請道友前往西岐找姜子牙的麻煩。

丙靈公黃天化
收四大天王

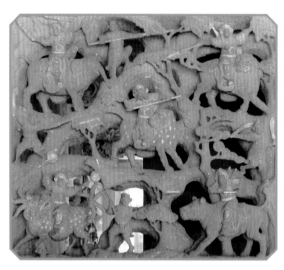

魔家四將征西岐

魯雄敗戰的消息傳回朝歌太師府，聞仲再出令派佳夢關魔家四將奉命征伐西岐。四將曾是黃飛虎的部下，他向姜子牙說出魔家四將的厲害，以及每個人擁有的法寶——青鋒劍、琵琶、混元傘和花狐貂，造成姜子牙束手無措，高掛免戰牌。

魔家四將逞威能，姜子牙高掛免戰牌將近一年。在無計可施之時，黃天化騎著玉麒麟到來。

黃天化年少慕虛榮忘本

黃天化先見過姜子牙，再跟父親黃飛虎和祖父兄弟家人相聚。家裡三個弟弟拿出光鮮亮麗的金冠袍服，請他脫去道袍，重梳青絲打扮起來，然後全家歡聚，黃天化一時忘記師父曾在他臨行之前的叮嚀：身為出家人切不可忘本；下山協助你師叔要守住本分。

第二天姜子牙聚將準備與魔家四將好好打一場仗。姜子牙看到黃天化換了一身裝扮，忍不住眉頭一縐把他喚到面前跟他說：「咱修道之人最忌忘本，把絲縧換上。」天化聽完師叔說完隨即照做，然後請令出戰。

MAP 09

丙靈公收四大天王

魔家四將困住西岐將近一年，此時看見姜子牙摘去免戰牌重啟城門準備出戰。又看到一名少年將軍手裡兩柄銀鎚騎著玉麒麟到來，雙方通了姓名，原來是飛虎之子黃天化；魔家四將則由魔禮青出戰。雙方鎚戟相交展開一場大戰。魔禮青忽然間祭出如意金鋼鐲向天化打去。天化後背受擊掉落麒麟，魔禮青向前準備取他首級，哪吒搶進一步用火尖槍掃開魔禮青的寶劍，把黃天化的屍體搶回城中。

黃飛虎、黃滾全家哭得死去活來。不久黃天化的師弟白雲童子前來，背著他的屍體回去師父清虛道德真君那裡把他救活。

「若不是看在你師叔的面子，你這忘本的逆徒，就讓你如此死去也不算可惜。」

黃天化再度下山，用了七寸的鑽心釘，輕輕鬆鬆就把四員大將送去封神台報到。

地點：新北市九份勸濟堂

作者：不詳

年代：約1935年

藝類：石雕

延伸賞析

年輕氣盛的少年英雄黃天化，五官清秀。頭戴束髮金冠，手持雙槌，腳跨麒麟。《封神演義》的英雄裡，可說是集眾家之長，最帥又最猛的一位狠角色。

畫中看他以一敵四，套句流行的藍球術語叫一打四。還一派輕鬆自在。

魔家四將以五佛冠和粗獷豪邁的大將軍出場。彩帶飄飄，個個天神下降的姿態，看他們分立四方，把黃天化圍在當中，打算使用獨家法寶：劍、傘、琵琶和花狐貂（畫中以大家熟悉的小龍表現），給黃天化一個痛快。

五官俊秀的小生；青紅黑白的四大天王相，怒目而威。肢體動作誇張。讓整個畫面充滿緊張的氣氛中，又帶著幾縷雅緻的古趣。

花狐貂　琵琶　　　黃天化　　　青雲劍　混元傘

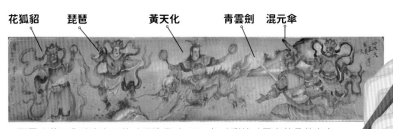

●丙靈公黃天化破魔家四將 / 馮進興 / 1996年 / 彩繪 / 屏東萬丹萬惠宮

聞太師伐西岐

聞太師出兵伐西岐

聞太師接獲佳夢關魔家四將戰敗的消息之後，入宮請旨出兵。紂王和妲己巴不得這個討厭的管家婆趕快消失眼前，歡喜送別聞太師和三十萬的兵馬。

聞仲帶著吉立同兵將路經黃花山收服鄧、辛、張、陶四員大將，其中以背長雙翅的辛環最受大家認識。那四將是鄧忠、辛環、張節、陶榮，四將皆是封神榜上有名的人。所謂腳踏西岐城，封神榜上便有名。

聞太師兵到西岐城外駐紮完畢，就寫帖投進西岐城姜子牙座前興師問罪。姜子牙看過帖文微微一笑，全是顛倒是非之言，就不與他多打筆戰。原帖批示，明日戰場會面再說。

先禮後兵

聞太師帶領鄧、辛、張、陶四將和本來帶著的吉立等列隊，與姜子牙對壘。姜子牙砲發五響，帶著哪吒、木吒、金吒、楊戩、南宮适、黃天化、黃飛虎眾將出城應戰。

雙方不免先禮後兵。一邊指責對方未經王命竟自立為王；一邊應道，紂王無道，西周應天命而生，子襲父爵，何謂謀竄之罪。一邊再指武王掩護叛臣黃飛虎該當何罪；一邊回以君不正臣投外國，而聞太師身居極品，卻無能戒昏君妖后之非，空有愚忠使忠臣遭害、百姓遭殃，又是罪犯哪條？

MAP 10

　　聞太師被姜子牙一一反駁無言可答，大喊一聲：「總之一句話，欲加之罪何謂無辭，以下犯上之議少說。」隨即手一招，背後眾將如狼似虎向前衝殺。

聞太師走上絕龍嶺

　　這邊哪吒、楊戩、雷震子等一班師兄弟，與南宮适和武王的弟弟辛甲等眾，也雄威十足與之對陣，雙方殺得天昏地暗，煙塵捲上空中。

　　墨麒麟對上四不象，雌雄鞭對上打神鞭，雙方殺得難分難解。經過數場大戰，又有雷震子奉命下山幫助姜子牙，聞太師大敗，再被姜子牙偷營劫寨損失慘重。暫時掛去免戰牌，再四處聘請異人前來添力。

　　聞太師在十絕陣被破之後，走上絕龍嶺為國捐軀去封神台報到，日後被封為九天應元雷神普化天尊之職。

地點：台北市萬華龍山寺

作者：疑有兩派匠師風格：左姜子牙似陳天乞作品

年代：戰後

藝類：交趾陶

延伸賞析

　　聞太師伐西岐在民間裝飾藝術裡面，出現的機率還滿高的。聞太師的座騎墨麒麟，但一般都把牠做成綠色（偶而會出現黑色），有三隻眼睛，跟楊戩一樣也是三目族的一員。太師出場大都頭戴相貂（一種類似宋朝官帽的方型帽子），手裡握鞭。這組精緻的交趾陶，是嘉義城隍廟近年整修新作的藝術珍品。哪吒和楊戩角色鮮明，讓人一望便知。

楊戩
楊戩在民間故事中常以三目出現，拿三尖刀。

李哪吒
哪吒踩風火輪、拿乾坤圈和火尖槍。

聞太師
騎三隻眼睛黑麒麟，有時作金面、拿兩支鞭，常以相爺貌出場。

●聞太師伐西岐／交趾陶／嘉義城隍廟

廣成子大破金光陣

十絕陣令人聞風喪膽

闡太師征伐西岐受挫。兵退西岐城外七十里的岐山駐紮軍隊，然後再去金鰲島上請出十位能人，擺出十絕陣為難姜子牙。

十絕排成，闡太師就請姜子牙觀陣，雙方先禮後兵。姜子牙帶領哪吒、楊戩眾人入陣觀看完畢出陣。雖然雙方互用言語宣示威能，但是心中面對即將到來的殺伐，還是隱隱不安。

燃燈掌令議破十絕陣

姜子牙正在為十絕陣傷神之際，黃龍真人到來，建請姜子牙搭了一座蘆蓬，做為眾道友開會和休息的地方。姜子牙將令旗劍印交付燃燈道人，燃燈代掌兵權，與眾道友議破十絕陣，決定要同金鰲島十位天君一決雌雄。

事說新語

金光聖母用二十一面寶鏡擺出的金光陣，就算道法厲害的闡教門人也不敢輕舉妄動。十絕陣，每陣都還要有人先進去犧牲了，才有可能破陣。廣成子，用了兩道攻防手段，才把它破掉。

這表示什麼？人不能仗著一己之勇而冒然行動，不然一個破綻，就可能讓自身陷於難以自拔的窘境。好比正在流行的新冠肺炎的防疫作戰一樣，一個失策，就得賠上全民的性命和整個國家的經濟發展，造成無謂的損失。

MAP 11

　　燃燈道人命文殊廣法天尊破了天絕陣，懼留孫用綑仙繩綁了趙天君趙江，破了地烈陣（趙江被掛在旗桿上示眾），然後請慈航道人帶著定風珠破風吼陣。這時卻見金光聖母騎著五點斑豹駒（駿馬名）提飛金劍搶在前面大喊，闡教門人誰來破吾的金光陣？燃燈道人正在無計思量的時候，忽然間天上降下一名仙風飄然的道人，自稱玉虛門下蕭臻，主動請命入陣。燃燈道人明知，破陣前必須先有人祭陣才能破惡陣的煞氣，後面的能人才能在有驚無險中破除兇惡的陣圖。但蕭臻未有祭陣即入陣。

　　果然蕭臻入陣不久，就被金光聖母的金光鏡射出的光芒給殺了。金光聖母再次走出陣叫戰。燃燈又命廣成子入陣走他一遭。

廣成子破金光陣

　　廣成子以八卦紫綬衣護身，用番天印破了金光聖母十九面鏡子，金光聖母剩下最後兩面拿在手中用來照射廣成子。廣成子隱在仙衣底下又祭出番天印，把金光聖母打死。金光聖母一條靈魂也跟其他道友一樣，魂歸封神壇台。

地點：新北市淡水義山集應廟

作者：劉家正（龍都寺廟彩繪）

年代：2002年

藝類：彩繪

延伸賞析

　　潘麗水的作品。廣成子披著八卦紫綬仙衣當防護罩保護自己。半空中一只番天印還在飛。（一定要這樣的表現，不然觀眾無法看出他們在幹什麼。）秀氣中帶著殺機的金光聖母，以小旦之姿自空中飛來，手中的兩面寶鏡射出殺人的光芒。

　　依然是五官俊秀搭配角落裡一名粗獷的大鬍子道長，讓整件作品有著柔裡帶剛，殺伐中還帶著一絲溫婉的古趣佳作。

廣成子披八卦紫綬仙衣　　　　**番天印**　　　　**金光聖母手中持兩面寶鏡**

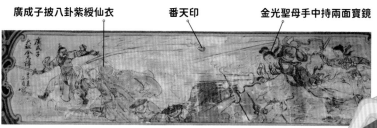

●廣成子大破金光陣／潘麗水／1972年／彩繪／台南鹽水護庇宮

子牙下蓬戰公明

　　聞太師邀請趙公明下山襄助，出陣指名姜子牙答話；這段本由燃燈道人暫掌兵符要破十絕陣，姜子牙原無需出陣。但對方指名定要子牙出陣，燃燈道人告訴子牙，見機行事即可。姜子牙騎四不像帶著哪吒、雷震子、楊戩、黃天化、金吒等一班師侄應戰。雙方一言不合，趙公明祭起竹節鞭攻擊姜子牙，姜子牙被竹節鞭打落四不像，受金吒救回，趙公明尋隙想要攻擊金吒，被哪吒用火尖槍挑開竹節鞭，趙公明此時殺氣正旺，哪吒也被打落風火輪。雷震子、黃天化、楊戩看到情況緊急，一同搶進合攻趙公明，趙公明上下不能兼顧，一個不小心被楊戩放出的哮天犬咬中頸部，負傷敗回大營。

事說新語

　　趙公明義助聞太師，聞太師忠於職守，本是美事。偏偏源頭出了一個昏暴的紂王，讓一切的忠義行動，好像松針上的霜雪，太陽一現，氣溫回昇，就消失無蹤，變成一種愚忠愚義的範例。

　　老闆想找好員工；但是想要奉獻心力好好做點事情的人，更想找個好老闆。

　　年輕時累積經驗，不論好老闆、劣老闆都沒關係（年輕就是本錢，有青春讓人揮灑），但是學成之後想好好做點事情，就真的要好好學著看人了；好比賢臣尋明主一樣。

MAP 12

趙公明第二天再度出陣，一班闡教道人都被定海珠打傷，黃龍真人還被縛龍索綁去吊在桿上示眾。夜晚才被楊戩用七十二變神功化成小蟲子揭去頭頂上的符紙，黃龍真人才能施展神通逃回蘆蓬。

之後，趙公明的法寶被逍遙散人蕭昇、曹寶用「落寶金錢」收去兩樣法寶之後，再去向親妹妹借得金蛟剪略顯神通。可是等到陸壓道人臨陣之後，趙公明就一直走下坡，最後被針頭七箭書收拾性命，魂歸封神台。

地點：台北市北投代天府
作者：台北市北投力固出品
年代：1979年
藝類：磁磚畫

延伸賞析

磁磚畫也稱磁磚燒，還有人稱這叫花磚（意即上彩的磁磚）。磁磚畫的做法，係以完整的小塊磁磚鋪成平面，再由畫師以釉料在上面直接做畫。經陰乾然後，再入窯燒製。

在台灣，除了台南府城天山畫室、北投力固公司之外；宜蘭景陽出品的藝術水準又更勝一籌，從各處所見來講，品質很齊。

此作呈現遠近立體的布局，近大遠小（城門和城牆可以看得出來）。前方的人物趙公明力戰楊戩、雷震子和黃天化。每個角色的特徵都很明顯。黃天化持雙槌騎麒麟，少年英姿勃勃；雷震子展開雙翅，持黃金棍攻上三路；楊戩使三尖兩刃刀，都讓人一眼就能認出他們的身分。

人物的五官長相，符合小說描述，用色鮮明，筆觸靈活又不雜亂，誠為景陽的特長。

黃天化
雷震子
趙公明
楊戩

● 趙公明下山／宜蘭景陽出品／磁磚畫／花蓮北埔福聖宮

武王失陷紅砂陣

關鍵人物與故事

武王犯劫

趙公明死後，十絕陣又被道德真君破了紅水陣。單剩紅砂陣未破。燃燈道人向子牙提說，此紅水陣不比其他九陣，需要一個鴻福齊天之人入陣受困，方能化解煞氣之洶。子牙再問，不知誰有這般福份能抵得過紅砂之毒？

燃燈再說，唯有西周武王方有這個福氣。能否請出武王替眾人挨這個災厄？

子牙聽完眉頭略縐，但隨即展眉。謹遵法旨。

武王一聽有用於他，二話不說隨即擺駕出宮來到蘆蓬。燃燈道人請武王將龍袍暫褪，然後在他前心後背各安書符咒。再請武王摘下蟠龍冠，裡面塞了一紙丹書靈符再還給聖主戴上，然後命哪吒、雷震子保護入陣而去。

紅砂陣陣主張紹張天君，看到武王君臣三人入陣，立刻登上板台，拿出葫蘆抓了一把紅砂往三人撒去。武王三人登時倒臥陣中，天君又撒了數把紅砂蓋住哪吒、雷震子的身體，直到看不見三人形體才停下手來。

MAP 13

地點：台北市士林惠濟宮

作者：不詳

年代：不詳

藝類：馬桶窯交趾陶

張天君魂赴封神台

張天君再度走出紅砂陣，向燃燈道人喊著，人進我陣有進無出，看誰還敢入陣挑戰？

燃燈道人也不理他，但子牙卻問，不知吾王現況如何？

「子牙，聖主武王有百日之災，災滿自然平安無事。你且耐心等待就是。」

「但吾王家眷如何安頓？」

「這是子牙身為人臣要做的，怎麼來問貧道呢？」

子牙一聽心下瞭然，就進宮向武王家人請安，並且命散宜生等好事管顧內外，諸事不提。

武王、哪吒、雷震子，要等到九曲黃河陣破了之後，才有燃燈道人命南極仙翁前去破陣，救出武王等三人。張紹張天君後也被白鶴童子用三寶玉如意打死，魂歸封神台。

延伸賞析

畫面背景，山景、雲朵、塵土飛揚。武王在中間位置（我是主角）。貌似中年男子（好像所見的作品，大都以這樣的長相表現武王）陣主張天君，身穿紫色道袍，跨仙鶴。手裡的葫蘆已經打開，噴出毒砂向武王灑下。雷震子從角落飛入。不過在這裡的雷震子卻像雷公的形象，一手持砧一手拿槌（雷震子在小說裡是使黃金棍）。

線條墨線濃郁，筆觸流暢，施以淡彩貼色，感覺上還滿清爽的。

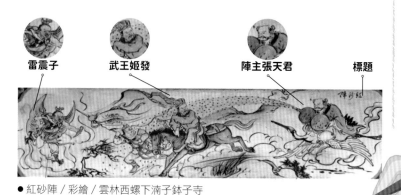

雷震子　　武王姬發　　　　　陣主張天君　　標題

● 紅砂陣 / 彩繪 / 雲林西螺下湳子鉢子寺

三霄計擺九曲黃河陣

三霄興師問罪

　　三霄接到申公豹帶來兄長趙公明的死訊。怒氣沖天的碧霄和瓊霄，駕起靈禽飛鳥離開洞府。雲霄擔心兩個妹妹意氣用事，讓事情難以收拾，隨後跟上。情同手足的彩雲仙子和菡芝仙子，也跟著一起來到西岐，欲向陸壓道人與姜子牙興師問罪。

　　陸壓被混元金斗所捉，在三霄與聞太師派弓箭手要將伊射殺替趙公明報仇之間。眾人看到利箭不能近他陸壓之身，反被陸壓借遁逃去而目瞪口呆。

一回各有勝負

　　三霄再向姜子牙問罪。姜子牙帶領師侄黃天化、楊戩、金吒、木吒應戰。黃天化被彩雲仙子用戳目珠打傷眼睛，碧霄被楊戩的哮天犬咬傷。雲霄讓姜子牙的打神鞭打傷，掉下青鸞。但姜子牙眼睛也被戳目珠打傷。雙方各自回營療傷。

　　雲霄再祭混元金斗，打算要連姜子牙一起捉走，幸好杏黃旗護身才讓他全身而退。

三霄怒擺九曲黃河陣

　　三霄擺好黃河陣，聲稱對方若能破陣，則自願歸投西岐，扶周滅商以順天意。燃燈帶領楊戩、金吒、木吒探陣走出陣門之後，楊戩和碧霄再起衝突。雲霄見狀怒發混元金斗活捉楊戩、金吒、木吒並摔進

MAP 14

地點：台北市大龍街協天宮　年代：約1983年前後

作者：不詳　藝類：石雕

黃河陣中。連燃燈道人也差一點被混元金斗吸去，幸好手腳快先閃一步，化金光逃回蘆蓬。

九曲黃河陣威力驚人，闡教十二門人盡該應劫，在黃河陣中削去三花。千年道行歸於流水，在陣中昏迷不醒。

三霄盡手足情義，魂赴封神台

燃燈道人見此困境無力可施，駕起金光前到崑崙山玉虛宮，向元始天尊求救。沒料到元始天尊卻早先一步離開玉虛宮往西岐蘆蓬而去。燃燈急急回頭，同與子牙安排迎接天尊駕到。

沒多久太上老君也騎著青牛臨凡。雲霄在陣中遠遠看到慶雲燦爛射目，玲瓏寶塔在空中現出光芒。心知此時絕無善了，但是猶原處處心存一絲希望。怎奈兩個小妹和二位仙子性如烈火，在大師伯和二師伯臨陣之時，連發攻勢，金蛟剪、混元金斗在此時，就像靈物見到主人同款，落入天尊之手。

三霄兄長的仇沒報成，連性命也一起丟在西岐城。正合一句截教教主所示的戒規，「腳踏西岐城，封神榜上便有名。」

鄧九公奉旨西征

鄧九公接手西征

聞太師伐西岐魂歸封神台，消息傳到朝歌。有朝臣啟奏，紂王乃下旨，請三山關總兵鄧九公帶兵西征；鄧九公接旨立刻進兵西岐。

闡教門人懼留孫的徒弟土行孫，受到申公豹的唆弄，偷走師父的法寶綑仙繩和三茶壺仙丹去投靠鄧九公。鄧九公看土行孫長相短小又其貌不揚，礙於申公豹的面子，勉強派了一個運糧官的職務給他。

鄧九公兵到西岐城，先是勝了數回，不久遭逢強敵連連落敗；九公之女嬋玉請令出戰，嬋玉曾受仙人調教，一手五光石專門打人臉面，連勝數陣。哪吒、黃天化等人都不是他的對手，直到楊戩出馬，用哮天犬咬傷鄧嬋玉才反敗為勝。

土行孫上陣

正在鄧九公束手無策的時候，土行孫恰好運糧回營，看到主帥愁眉不展，一問才知情況。因此冷冷的說：「要是元帥早用小人，老早把姜子牙等一班人都打敗凱旋回朝了。」鄧九公看著土行孫，想起申公豹的推薦書上所寫，心想此人若無奇能在身，道友應該不會把他推薦給我。不如，姑且試試，如果不行再做打算。於是把先行官的職務派給土行孫。

MAP 15

地點：台北市松山慈祐宮

作者：不詳

年代：不詳

藝類：石雕

　　土行孫一上陣立即活捉哪吒回營繳令，獲得鄧九公的嘉獎。接著又連出奇招，把姜子牙一班人搞得人仰馬翻。鄧九公在一次慶功宴中，用女兒做為獎賞誘因，說土行孫若能刺殺武王和姜子牙，就把女兒嫁給土將軍。惹得土行孫甘冒風險，利用夜色用地行術偷進西岐城中，打算暗殺君臣二人。

　　土行孫失敗，敗在好色，被楊戩破了他的詭計，但依然還是無法克服土行孫的綑仙繩的威力。最後，靠著楊戩反應快，想到他的師父懼留孫，才收伏這個不滿四尺的土行孫。而鄧九公也在女兒鄧嬋玉的姻緣牽引下歸順西岐。

　　不過，常見寫著鄧九公伐西岐的劇目中，土行孫並不是主要角色。只有題名才能看得出故事的主題。

延伸賞析

　　以大型壁畫的形式，用堆花泥塑和剪黏人物，表現傳統戲曲小說的意境，在台灣各地都有案例。有的會以全景剪黏泥塑去表現，有的搭配油彩展現樹木山景。如這件作品，在人物的腳下堆出原野中的羊腸小徑。再把做好的人物放在上面，讓兩者融為一體。

　　玻璃剪黏常是大紅大綠色彩鮮艷。這組的偶頭和哪吒的身體，依舊還是用泥塑堆花製作。誠為欣賞重點。

楊戩　鄧嬋玉　題名

李哪吒

鄧九公

●鄧九公奉旨西征／玻璃剪黏／彰化員林百果山廣天宮

赤精子太極圖收殷洪

紂王之子殷洪與殷郊

　　紂王之子殷洪、殷郊兩位太子年幼時，母親被妲己所害；兩兄弟被紂王賜死，臨刑之際被仙人所救；二殿下殷洪拜赤精子為師，大殿下殷郊被廣成子收為徒弟，經過數年兩人都學到一身武藝。

　　三山關鄧九公投降西岐之後，赤精子接到元始天尊玉敕，指示姜子牙金台拜相將到，需要派殷洪下山，協助姜子牙征伐無道，扶助西周。

　　赤精子找來殷洪，問他說想不想親生母親姜皇后？殷洪被問，想起數年前母親慘烈的遭遇，恨不得立刻飛往朝歌為母雪恨。赤精子將一洞寶貝都交給他，讓他於公可替天行道，於私替母親報仇。

　　殷洪準備好了之後拜別師尊，但走到洞門忽然又被師父叫住。赤精子不放心把一洞法寶都給了徒弟；人家說父子乃是天性至親，萬一他中途反悔改打西岐，豈不要誤了大事。把心裡的擔憂向徒兒說出。萬一，萬一有那麼一天，你會怎麼做。太子說：若半途違反師父反而與西岐為敵，寧願全身化成灰燼。

　　沒料到中途遇上申公豹，被申公豹幾句話就扯下西岐旗號改懸商湯大旗。姜子牙一班門徒被打的落花流水。眾人看到殷洪用的都是自家法寶，跑去找他師父赤精子下山，也是一籌莫展。

MAP 16

姜子牙正無計可施之際來了慈航道人，慈航向姜子牙要來太極圖，並且叫姜子牙出陣引誘殷洪進入太極圖，好讓他依咒而行，全身化為灰燼而亡。

太極圖

太極圖，陰陽相生又相剋，循環無窮變化萬千。殷洪一入太極圖中，境隨心轉，心隨意遷。母親姜皇后死狀慘絕，紂王暴虐無道，過去情景如在目前。只看他忽哭忽笑，時而悲傷時而喜樂。赤精子在旁邊看得淚流不止，不忍親手將他收拾。

旁邊的慈航道人說：道友，莫誤了他上封神台的時辰，赤精子含淚將太極圖捲起，殷洪頓時身形成灰，讓殷二太子依誓而行，全身化成灰燼往封神台報到。

事說新語

殷洪違反誓言，被師父用太極圖依他的咀咒燒成灰燼。

殷洪的父親紂王寵愛狐狸精妲己，對她言聽計從，幾乎不論是否違逆人倫，只要愛妃歡喜就好。殷洪的母親姜皇后為此出言教訓妲己，卻招惹殺身之禍。姜皇后被挖目炮烙，受盡凌遲之苦而死，所生兩名兒子殷郊、殷洪，被紂王依奸臣、奸妃唆使，降旨派兵追殺。幸好上天垂憐，有得道仙人相救，把他們兩兄弟帶到仙山扶養長大成人。

長成之後，本來打算下山幫忙姜子牙，征伐朝歌，替天伐罪。他的師父赤精子在他臨行之際忽然想到，他們終究是父子天倫，萬一中途背叛師門，轉而與己為敵；本來贈予愛徒的法寶，可能反過來變成殺身的利器？一想到這層，不得已只好問徒弟，萬一半途變節該如何懲罰自己？殷洪起咒，說出願化成灰燼以謝師恩。

小說的作者（許仲琳或陸西星），為什麼沒像描寫李哪吒一路追殺李靖一樣，讓讀者拍案叫絕？

同樣是父親對小孩的暴力，紂王遠比李靖的行為又何止殘暴百倍千倍。但是哪吒卻讓他背負追追父親的罵名，而殷洪的父王那般殘暴，卻出殷洪這樣的孝子？

對於人世間的父子情感，作者也許仍然無法跳脫古老的倫常觀念。雖然一書裡面全都扣在「君不正臣投外國，良禽擇木而棲，忠臣擇主而扶」。

但是對於父子之間的人倫，作者仍然不忍讓殷太子做出弒親的逆倫大罪。也許有他站在為文的影響層面思考～不想給自己招來「教歹囝子大小」的罵名吧？

父不正，逃也就是了，何必一定要回去把他推翻，置他於死地呢？……這題真是難解啊！

地點：新北市新莊慈祐宮

作者：不詳

年代：不詳

藝類：彩繪

殷郊伐西岐

殷郊改志伐西岐

　　殷郊奉師父的命令，要去幫助姜子牙伐無道昏君紂王，於公替天行道，於私為母報仇。

　　中途遇到申公豹，申公豹之前才策反他的弟弟殷洪，赴西岐卻被他自己的師父赤精子，依他發的誓言，用太極圖將他化為灰燼。

　　但是這次，殷郊卻不像弟弟那麼容易被他說反。申公豹不死心，把殷洪的死推到姜子牙的身上。申公豹跟殷郊說：原來你弟弟也是奉師命，到西岐找姜子牙，要幫他替天行道征伐無道，可是姜子牙卻自私搶功，把殷洪殺了；一個口稱德操的仁人君子，卻做出如此自私自利的事情。我也是闡教門人，算來與他也是同門師兄弟，可是看他表裡不一，是一名偽君子，實在讓人看不下去。只好大義滅親將實情告訴你，就是希望你不要再被那些所謂的道德之門的闡教門人給騙了。

　　殷郊聽完申公豹的話，心裡還是半信疑。申公豹又說：如果你不相信我的話，只要去問他姜子牙有沒有殺死殷洪這件事？一切就清清楚楚了。

　　殷郊到了西岐之後，果然直接問姜子牙，為什麼殺我弟弟殷洪？姜子牙不知申公豹已經設下陷阱給他跳，聽到殷郊一問，不加思考直接回答：「是他不應天命違反誓言，怎能怪責他人。」殷郊一聽還在

MAP 17

地點：新北市汐止拱北殿

作者：不詳

年代：1965年

藝類：彩繪

猶豫之間，李哪吒從子牙後面衝出，跟著黃天化、雷震子、楊戩等人一擁而上，把殷郊圍在核心大加攻擊。

　　殷郊祭起番天印連傷數人，又祭縕仙索把黃飛虎、黃天化捉回大營。黃飛虎與殷郊見面，殷郊念及當年飛虎護衛之情，把他父子放回西岐城。

　　楊戩回城後向姜子牙報告，殷郊所用的法寶全都是我們闡教所有，莫不是殷洪的事情又再重演？姜子牙這才想起往事。此時燃燈道人又到西岐，廣成子等道長也都到來。最後燃燈主持戰局，向西方接引道人、八景宮太上老君，和瑤池宮借來三面寶旗：素色雲界旗、青蓮寶色旗、離地焰光旗，加上姜子牙原有的杏黃旗，才抵擋住番天印的威力，並將殷郊依自己發下的咀咒，用犁刀犁了。

　　殷郊死後，魂魄先飄回朝歌，苦勸其父紂王要修仁政，不然西岐恐將帶領天下諸侯前來征伐，商湯的江山就要不保。之後，魂魄再歸封神台，由柏鑑接進封神台。日後殷郊被封太歲頭，統領六十甲子的太歲星君，永享凡間香火。

延伸賞析

　　木雕員光（有的會稱它叫彎栱），也是木雕匠師展現才華的好位置。有無內才（外台歌仔戲口中的腹內）？可從這些對仗的作品窺伺得來。員光木雕，大都像此作橫幅表現。主角、反派、配角、走獸、山景、地坡、石景全在裡面平衡安排。這類早期的雙面見光的木雕，人物五官常以立體圓雕表現，不管走到哪個角度欣賞，還能看出他端正的面貌，不會因為觀賞者站的位置不同，產生「半邊臉」的情形。

殷郊　　番天印　　哮天犬　　姜子牙　楊戩　雷震子　哪吒

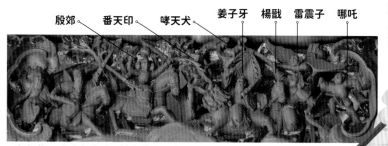

● 殷郊伐西岐／木雕／雲林崙背奉天宮

孔宣兵阻金雞嶺

孔宣出兵金雞嶺

孔宣接到紂王的聖旨，要他出兵前去金雞嶺，阻擋姜子牙東征的大軍。

孔宣抵達金雞嶺，西岐大軍還沒到，便在嶺下駐軍等候。經過三天，姜子牙帶領軍隊到達。雙方先禮後兵，一邊對方叫罵，以下犯上、以臣伐君是為叛逆；一邊指其紂王無道，殺妻滅子，忠臣被斬，奸佞弄權，汝等身為人臣，不分是非黑白，助紂為虐，殘害蒼生，按理當棄暗投明方為上策。吾王仁君，你當思良擒擇木才是上算。

「姜子牙，巧言令色怎能動吾心，放馬過來一較高低再說吧。」

論武技，孔宣部下，除了高繼能有異術能放螟蜂傷人之外，皆非哪吒、楊戩等人的能奈。可是孔宣深不可測的法術，背後能發青、黃、紅、黑、白五道光芒，憑空攝人，洪錦、哪吒、雷震子、黃飛虎、李靖、金木二吒等等大將都被他捉去，連楊戩的哮天犬和姜子牙的打神鞭也被收去。不過姜子牙看到楊戩還能借八九玄功，成功逃過孔宣五色光華的威力回到營裡，才保有一份安然的心。然而，武王見東征未進關隘就受到阻礙，卻心生退卻，與姜子牙商討進退之議。姜子牙知道武王本來就不想起兵東征，以臣伐君；現在連出關都做不到，又怎麼堅持順天應命呢？不得已命令三軍打點一切，下達命令，即刻拔營起寨，做班師回朝的準備。

MAP 18

陸壓道人勸說

就在此時，陸壓道人急忙忙的趕來了。他告訴姜子牙，開弓就沒有回頭箭。「子牙公，你知道這道退兵回朝的命令一旦執行，會造成多大的傷亡嗎？切不可逆天而行。」武王經過陸壓道人再三申訴此行的任務重大；只能進不可退，退則全軍包括西岐百姓絕無生路，進則尚有天地可依，切莫輕言放棄。武王聽完陸壓道人的說明，才不再堅持退兵。

準提道人助陣

話才說完，西方準提道人來到營前經通報，與武王與姜子牙相見。準提道人與孔宣見面，雙方不過三兩回答即刀劍相迎，準提也被孔宣背後光華刷去，姜子牙、武王、陸壓盡皆失色，驚得目瞪口呆連話都說不出來。正當大家面臨絕望無助之時，看那孔宣自把準提刷進五色光華之後，整個人就像被定身法定住一樣，嘴張的大大的，兩眼瞪得像牛眼一般。雙方不知為何，都是眼無神口難閉。忽然間從孔宣背後光華當中傳出聲來：孔宣，不現原形更待何時？

眾人只見一個身高數丈的道人，隱約自那光華之中現身，有好奇者數他身上的異相，二十四首，十八臂，手中各持法寶，站在一隻細目紅冠的五彩孔雀背上，朝西岐大營而來。

「這孔雀仙得道多時，與我西方有緣，子牙公順天應命保有道仁君征伐無道，請收拾收拾繼續啟程去吧。吾回西方極樂世界去也。」說完在孔雀頭上一拍，孔雀揮動雙翅，週身五色光華將身裹住，尾羽孔雀翎個個發出斑斕毫光，往天空飛去。遭孔宣捉去的眾將，也被姜子牙等人入營救出，個個皆無損傷，連打神鞭都完好無缺。

而殷商大軍主將也被準提收服，眾軍無人領導，姜子牙曉喻眾人，要降則降，不降者，自回家鄉士農工商去也。

地點：新北市新莊武廟
作者：不詳
年代：不詳
藝類：木雕

哼哈二將顯神通

姜子牙東征

　　姜子牙在金雞嶺受準提道人幫助，收服孔宣回西方之後。分兵三路，一路由洪錦攻打佳夢關，一路黃飛虎向青龍關而去，自己守住大營候等兩路佳音。

　　洪錦在佳夢關遭遇胡升、胡雷二兄弟阻擋。因為胡雷與火靈聖母師徒的關係，因龍吉公主識破胡雷的左道旁門回生之術，略施小法將他斬首，惹得火靈聖母下山為徒復仇，無疑被廣成子所殺。

　　廣成子帶著火靈聖母的遺物，到碧遊宮還給通天教主，卻被他的門人再三阻擋，不讓他離開。廣成子不得已三進碧遊宮，通天教主眾門徒，不服師尊再三替闡教說話；將廣成子沒講出口的話，一一替他講了。通天教主動起無名火，將四口寶劍交給多寶道人，叫他到界牌關前，擺起誅仙陣，準備與闡教元始天尊一分高下。這是後面的事情姑且按下不提，言歸正傳，回來說黃飛虎攻打青龍關的事情。

飛虎攻打青龍關

　　黃飛虎攻打青龍關，遇上邱引強力抵抗。遂寫信請姜元帥派人前來助援。哪吒一馬當先來到青龍關，暫時壓制邱引一班將士的威風。但面對奇人的陳奇，一時間也無能破解奪關。恰好三運糧官鄭倫到

MAP 19

地點：台北市北投慈生宮神農大帝廟

作者：不詳

年代：不詳

藝類：玻璃剪黏

來，聽二運糧官土行孫說起敵營之中，也有一人有著相似的祕法，能憑空儡人魂魄，再由背後三千飛虎兵生擒活捉回去。鄭倫聽完頓生戰鬥力，自己請令上陣。

陣前，陳奇、鄭倫都騎著金睛獸，一個用蕩魔杵，一個用降魔杵；一個帶著飛虎兵，一個有三千烏鴉兵，全都拿著拘撓套索，專等敵人被主帥用奇術打下座騎，上前將人綑綁，當得勝的戰利品回營請功。

哼哈二將

這哼哈二將，一個用鼻孔噴出兩道白光，一個用嘴巴哈氣吐出黃光。兩人陣上以杵相鬥，雙方都存著同樣的心思：「先下手為強，慢下手遭殃」的念頭。

幾乎同時，把手中杵向上一擺，各自的三千兵望著主將暗號，個個手握拘撓繩索，虎視敵將。

陳奇、鄭倫同時發功。只見哼聲哈聲若音爆一般，兩道白光、一道黃光同時噴出。接著好像炸開氣爐一般，迸出蒜頭、魚腥等等多種複合臭味出來。鄭倫與陳奇，同時間跌落金睛獸。雙方三千兵馬看著自家主將摔落塵埃，來不及去捉對方的主帥，趕忙衝上前去扶起將軍重新騎上金睛獸。飛虎兵、烏鴉兵一邊護著主將，一邊笑到腰彎骨酥，保護主將回去。

在旁邊觀陣的哪吒、土行孫等人，被這個場面惹到抱著肚子笑倒在地；鄧嬋玉、龍吉公主也連忙掩住嘴巴與眾人回營而去。

事說新語

人的鬥性一直都在。當他發現，原來自覺認為獨一無二的能力被人追上的時候，就會產生挑戰的心。不服氣！他是什麼貨色？怎麼可以跟我並肩而論！

然後一連串的事情就從這個點開始擴散，直到一方認輸。只是，通常是兩敗俱傷。因為他們各自擁有一群支持擁護他的群眾，俗話說：做戲的要散，看戲的說不准散。於是搞到最後，只有另立山頭，重新再來。下次再有天下獨尊出現的時候，又來那麼一次，拚個輸贏。

三教會破誅仙陣

關鍵人物與故事

界牌關遇誅仙

姜子牙領兵征伐無道來到界牌關下，想到師尊臨別金言：「界牌關遇誅仙」的話來。與黃龍真人等眾師兄們一行來至蘆篷；見燃燈結彩，疊錦鋪氈。眾道人起身，互相行禮然後坐下，恭候掌教師尊到來。

元始天尊到了之後，先進陣中會過通天教主。雙方論理一番。然後老子又到，也進陣而去，施展一氣化三清教訓通天教主；通天教主受老子扁拐打了三下，通天教主怒不可遏，揚言是大師兄不念同門情誼，如今「月缺難圓」，大家誅仙陣裡見高下。

驚動四大教主的誅仙陣

不久，元始天尊、西方準提道人與接引道人齊會，四位高真分四門進入誅仙陣。

元始天尊坐在金龍沉香輦，輦上有萬甲慶雲護住；老子頭上有玲瓏寶塔；準提道人現出法身，有二十四頭十八隻手，手中執著瓔珞傘蓋；接引道人現丈六金鋼身、赤腳，發出萬道光華。道教、闡教、截教眾家門人弟子，個個看得目瞪口呆。

MAP 20

萬道光彩之中，誅仙陣內，天尊、準提、接引和老子四位，把通天教主圍在當中，雙方法寶盡出。四大高真與通天教主在陣中大相殺，通天教主借遁欲逃，一邊金光向空而竄，被在半空中等候的燃燈道人祭出定海珠打落塵土。忽的一聲，陣中響起轟隆雷響，玉鼎真人、道行天尊、廣成子、赤精子同時摘取四口寶劍，誅仙陣破。

通天教主再用金光遁法逃離現場，自去他處重整旗鼓。下回，他祭出六魂幡，要取四大教主與武王、姜子牙的性命。（這段情節要到日後萬仙陣才會出現，敬請耐心期待。）

地點：台北市士林後港景佑宮土地公廟

作者：不詳

年代：不詳

藝類：石雕

延伸賞析

此幅作品是畫在近代工法建築的宮廟裡的彩繪作品。宮廟建築進入鋼筋混凝土建構之後，支撐樓層和屋頂重量的重任，改由角柱和壁柱及橫向的屋架取代，可稱為一體成型。梁還在，但員光卻消失了。人們只能看到平整的長條狀「哈力」。人們就把原本畫在通梁間的故事，畫在哈力上面。

拉長，加寬，成為今天我們看到的樣子。人物的比例不變，但篇幅變大，角色就可以放進很多。（應該要加錢吧。不過彩繪匠師會整體估價。雙方合意了，才展開後面的程序。然後施工作畫。）

子英（陳），是畫師的落款。1981 年的作品。人物布局都屬上品。點題的關名和各個角色形象皆充分掌握。實為難得佳作。

元始天尊　接引道人　慈航道人　準提道人　太上老君　玲瓏寶塔　舍利子　通天教主

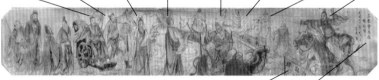

誅仙闕　　落款

● 三教會破誅仙陣／陳子英／1981 年／彩繪／
雲林台西安海宮

楊任大破瘟瘟陣

姜子牙進五關

　　姜子牙在三教掌門人會破誅仙陣之後，繼續帶領武王朝五關推進。界牌關徐蓋與穿雲關守將徐芳係兩兄弟。（另外三關是汜水關、界牌關、穿雲關）

　　徐蓋上書朝歌告急請求支援，被狐狸精妲己妖言惑昏君，斬了報信史。徐蓋面對西岐勇將能人的攻勢之下，屢戰屢敗。在後無援兵之下，獻關投降。

　　西岐大軍推進來到穿雲關前，徐蓋仗著與關主徐芳兄弟之情，想要進關勸降。無奈兄弟不同心，被收押監牢。徐芳部將龍安吉使用左道旁門之術（四肢酥），活捉南宮适、黃飛虎、洪錦，連同徐蓋四人打入囚車，將他們押送朝歌。

　　徐芳在呂岳二次下山，欲報早前征伐西岐之時，被姜子牙眾闡教門人的殺敗之仇，擺下瘟瘟陣。

看到這裡，不禁讓人與時事有所聯想。
1. 那些刻意謊報軍情、冒領圖私者，自古有之。（在這裡卻是被冤枉了）
2. 而蒙上欺下者，也不乏有之。（狐狸精妲己）
3. 昏庸的暴君紂王，忠言不聽，偏信她妲己妖言，以致無法適時做出有益全局的決定。專制之下，治國的君主如果明理正直，自可四海清明，但像此中的紂王一般，只聽軟香柔言，不聽正理諫言。自取滅亡只是早晚的事情。

MAP 21

楊任破瘟癀陣

姜子牙有瘟癀陣百日之災，雲中子特來替他代掌軍機。

姜子牙百日之災將滿，周營前來了一個眼中生手、手掌心有眼的異人，名叫楊任的道長求見，說是奉了師尊的命令，前來協助姜元帥破瘟癀陣。

楊任本是紂王的上大夫，因上諫紂王被挖去雙目，被清虛道德真君救回去醫治，今日才下山。

楊任入陣，呂岳在八卦台上打開瘟癀傘，往楊任罩去，楊任騎著雲霞獸，手上拿著五火神焰扇，與呂岳和他的道友李平、陳庚大相殺。瘟癀傘遇上五火神焰扇就燒起來了。最後呂岳、李平、陳庚連同八卦法台，都被楊任給搧得燒到無影無蹤，也救出姜子牙。姜子牙被雲中子救活之後，帶兵進攻穿雲關。配合之前被救的徐蓋、黃飛虎、洪錦、南宮适，已在關內相應，穿雲關破，西岐大軍再下一城。

地點：新北市中和福和宮
作者：不詳
年代：不詳
藝類：木雕

延伸賞析

潘麗水的作品。潘麗水的畫風深受社會歡迎，就算不能請他去作畫，也會希望畫師臨摹他的畫稿。民間業內有一專有術語稱為「麗水樣」或「麗水版」（麗水扮）。常見同名畫作出現在不同的地方，依然保有麗水版的味道。不管是人物的動作，或是五官服飾的安排，都帶著類似的風格。

墨線濃厚，卻鬚髮分明，不論是衣折或是雲霧表現，都剛中帶柔，柔中帶勁，簡潔有力。用句白話來講，看似繁複的線條組合而成，卻叫人感覺畫面乾淨俐落。

五火神焰傘　　楊任眼中有手、手中有眼　　瘟癀傘　　呂岳與陳庚道人

● 楊任大破瘟癀陣 / 潘麗水 / 1972 年 / 彩繪 / 台南鹽水護庇宮

三教會破萬仙陣

萬仙陣

　　通天教主誅仙陣失敗之後，將寫著武王、姜子牙、太上老君、元始天尊、西方接引道人、準提道人六人姓名的六魂幡，擺下萬仙陣，要與道闡二教爭個輸贏。

　　西方教主接引與準提，又自西方前到中土，與兩位教主會合，三教議破萬仙陣。

　　在此之際，通天教主又在萬仙陣中擺下太極兩儀四象陣，直接向道、闡兩教宣戰。

　　然而，元始天尊等四位高真在不求戰、不畏戰的情形之下，讓文殊、普賢、慈航三人入陣收了獅、象、犼做為座騎。讓青毛獅子、白象和金毛犼現出原形，由三大士帶著面對通天教主。讓在場的眾仙看到，原來通天教主收得門人是為何物。惹得通天教主更是怒氣難消，接著調動二十八位道人，分日、月、金、木、水、火、土，各組四名排成的大陣仗，向四位教主和眾家門人拚鬥。

事說新語

　　地位越高，所能發出的影響力也就越大。用在好的地方能造福萬人，用在不對的地方也能產生莫大的災難。

　　然而在當下，每個人都認為自己是對的那一邊。一切都是別人給自己的誤會、誤解，才讓自己沒面子。為了意氣之爭，又把事情弄到不可收拾。

MAP 22

眾仙入陣

　　而元始天尊和老君指示派下眾仙入陣應劫，一千五百年神仙大劫在萬仙陣應運完納，一切將重頭開始。與西方有緣者藉此良機，被渡往西方極樂世界修行，聽經聞法。

　　就在通天教主大敗，準備再動地水火風與道闡二教一決生死之時，鴻鈞老祖～老君、元始和通天三人的老師臨凡，替他三人講和。並賜他三人吞下藥丹，然後告訴他們，這顆丹藥不是救命仙丹，也不是長生不老丹，此丹，若三人永保和諧，自是無任何藥效的仙丹。若有違此者，誰先變心誰先薨。要他們三個師兄弟做好派下門人的表率。

　　眾仙在萬仙陣一劫完滿之後，駕起金光遁法，各歸洞府繼續修行。姜子牙回城拜見武王，又再領著大軍往東前進。

地點：新北市三峽祖師廟
作者：不詳
年代：不詳
藝類：石雕

延伸賞析

　　剪黏技術，台南除了何金龍傳下的王石發、王保原等一脈之外，葉鬃也是不可多得的良師巧匠。在他的派下，葉進益、葉近祿兩兄弟的作品也是令人眼光一亮。

　　這組三教大破萬仙陣，空間布局採取遠觀平視設計（與水車堵的作法略向前傾稍有不同）。上面的角色，有騎著飛禽自遠飛來的仙家氣勢。太上老君正用扁拐與通天教主廝殺。諸位闡教門人如姜子牙、哪吒、楊戩等人也不落人後，紛紛對敵人叫戰。

　　這組作品，如果沒仔細看，或未留意萬仙陣的陣名文字，光從空中的飛鳥閱讀，很可能誤解為「三霄計擺九曲黃河陣」。

通天教主　　李老君　哪吒
標題
姜子牙
金靈聖母
楊戩
金光仙

● 三教大破萬仙陣 ／ 葉進祿 ／ 1981 年 ／ 玻璃剪黏 ／ 台南南廠保安宮

楊戩哪吒梅山收七怪

關鍵人物與故事

猴精袁洪

紂王得知武王兵馬已在界牌關前,點派新元帥袁洪力拒周兵。武王有姜子牙,用心盡力過關斬將,與眾諸侯會於孟津。袁洪是猴精,也能八九玄功七十二變。

有高明、高覺前來相助。把姜子牙的秘密會都看穿了。每次在營中所議密事,總是被破解。楊戩回山問過師父玉鼎真人,才知袁洪手

說新語

紂王耳根子軟,受狐狸精妖言影響極深。但狐狸精卻是受九天玄女之命前來魅惑他,要讓他沉迷酒色之中不理政事而已。可是狐狸精殘酷成性,唆使紂王做出許多天怒人怨的事情,搞到眾叛親離,最後連一員兵將都派不出來。只好廣貼招賢榜,求於四方英雄豪傑。只是英雄賢良不來,反而招來妖魔鬼怪。所謂國之將亡必有妖孽,在《封神演義》當中,還真有十分透徹的描寫。

這個故事在各地宮廟偶而可見,出現的主角大都以楊戩居多,有時也會出現哪吒。至於七怪,就不見得一一現身了。主要得看價金和匠師的功力以及雙方的誠意。裝飾這種東西,依附在主體結構上面的事物。不做,功能依舊,但是做了,遠看至少金碧輝煌,容易博得掌聲。但要真的展現人文藝術的水平,還是得細看才知高下。不然出場的到底是人,還是一些梅山七怪去變出來的?沒個照妖鏡,還真不容易分辨出來。

MAP 23

下有兩名將士，乃棋盤山桃精、柳鬼，已修得道行，借著軒轅廟內泥塑差役使，名叫「千里眼，順風耳」身形，可耳聽八方、目觀千里，姜子牙帳中秘事全被兩兄弟看穿。必須如此如此方能破解。

梅山收七怪

　　楊戩回報稟告姜子牙，沒多久就破了兩人妖術。之後又有女媧娘娘幫忙，先後收拾了蛇、蜈蚣、豬、羊精、狗怪、牛怪、猿等。但袁洪這隻猿猴精，得用娘娘借出的法寶「山河社稷圖」才捉得到。這隻白猿最後被陸壓留給姜子牙的法寶斬首，楊戩梅山收七怪，至此才算圓滿。

地點：台北市萬華祖師廟　作者：劉家正　年代：1999年　藝類：彩繪

延伸賞析

　　《封神演義》之中，擁有高強法力神通的，很多都是一些道行很高的妖怪。其中有一個共通點就是，會以人的面貌出現，且一定要等到被打敗之後才會現出原形。因此，在表現「收七怪」的作品裡面，都可以看到半人半獸或全獸登場的畫面。這也是在欣賞宮廟裝飾藝術作品的小訣竅之一哦。

李哪吒　楊戩　常昊蛇精　楊顯羊怪

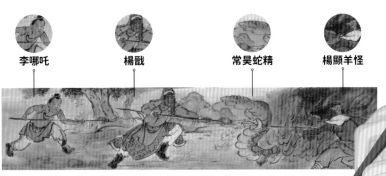

●梅山收七怪 / 蔡龍進 / 1976年 / 彩繪 / 雲林四湖箔仔寮普天宮

劇名同時都有個收字。這裡都用《封神演義》裡的故事，雖然兩件作品沒把他畫出來，但還是可以透過說書人的演繹，帶出這個活潑有可愛的角色～李哪吒。

① 收七怪 / 台南八吉境關帝廳

② 收石磯 / 台南八吉境關帝廳

《封神演義》的故事
真是精彩萬分啊！

　　同樣有個收字，一齣出自《封神演義》，一齣來自《西遊記》。收七怪偏向直接賜死，收紅孩兒卻是讓觀世音菩薩展現佛法無邊和普渡眾生的慈悲。

③ 觀音收紅孩兒 / 雲林斗六三殿宮

④ 梅山收妖 / 雲林斗六三殿宮

戲看雙北封神演義
MAP

三芝區　石門區

11　廣成子大破金光陣｜
淡水義山集應廟

淡水區

金山區

子牙西岐會公明｜
北投代天府

武王先陷紅砂陣｜
士林芝山巖惠濟宮

●殷郊受犁鋤／木雕／台北市士林
芝山岩惠濟宮

北投區　**12**

哼哈二將顯神通｜
北投神農大帝廟　**19**

13

士林區

●殷郊受犁鋤／木
雕／台北市士林
芝山岩惠濟宮

三教會破誅仙陣｜
士林後港景佑宮土地公廟　**20**

八里區

蘆洲區

五股區

三重區　大同區

中山區　松山區　內湖區

泰山區

新莊區

1
14

4　**7**

16

15

鄧九公奉旨西征｜
松山慈祐宮

8

18

板橋區　**10**　中正區

大安區　南港區

子牙下山遇申公豹｜
林口頂泰山岩

萬華區

永和區

●金雞嶺／石雕／
台北市松山慈祐宮

李哪吒鬧東海｜
樹林濟安宮

21

文山區

樹林區

5

3　**2**

鶯歌區

文王燕山得子｜
土城五穀先帝廟

中和區

6　文王吐子｜
新店劉家祖廟

姜子牙火燒琵琶精｜
中和廣濟宮

22　三教會破萬仙陣｜
三峽祖師廟

●鄧芝落油鼎／木雕員光／新北
市三峽長福巖

新店區

土城區

三峽區

萬里區

2. 文王燕山得子｜土城五穀先帝廟

許連成的作品常見不題劇名，幸好風格的辨識度頗高。一些常見的故事還不算太難閱讀；只是有些不常用的題材就常常考倒一堆人。

● 黃天化收魔家四將／許連成／彩繪／新北市土城五穀先帝廟

3. 李哪吒鬧東海｜樹林濟安宮

這裡除了這種年代比較老的石雕之外，也有一批戰後在臺灣打造的半自動工具製的作品。

▶ 聞太師伐西岐／石雕／新北市樹林濟安宮

9. 丙靈公黃天化收四大天王｜九份勸濟堂

姜子牙帶領天下諸侯征无道紂王來到朝歌城，姜子牙向天下公佈紂王十條大罪，最後紂王自焚摘星樓。

● 暴紂十罪／黃龜理／木雕員光／新北市九份勸濟堂

 殷郊伐西岐｜
汐止拱北殿

17

● 聖母收二將／彩繪／新北市汐止拱北殿

汐止區

深坑區

5. 姜子牙火燒琵琶精｜中和廣濟宮

民間故事的使用，常有所謂的大部頭的戲碼。只要是大家熟悉的故事，不管工藝種類都容易出現。

● 古城會／近代精緻交趾陶／新北市中和廣濟宮

瑞芳區 9

丙靈公黃天化收四大天王｜九份勸濟堂

6. 文王吐子｜新店劉家祖廟

這裡位於新店捷運機場範圍，作品是2007拍攝，事隔十餘年，或可稱為替地方和歷史留下一筆資料。

● 殷郊下山／彩繪／新北市新店劉家祖廟

8. 子牙下山遇申公豹｜林口頂泰山巖

在以前的匠師，像這類網目看架斗栱之間，如果為了添加人文氣息，偶而會出現此類具有故事的肖像木雕。晚近所蓋的宮廟比較少見如此細心的作法，大都以工廠量產的同型製品交錯呈現。

● 西遊記看架斗栱豎材人物故事／木雕豎材／新北市林口頂泰山岩

11. 廣成子大破金光陣｜淡水義山集應廟

這齣戲以楊戩和哪吒代表，配上幾隻動物妖怪相應，做為表現的形式，少見完整的把七怪加高，是高明的視覺表現。

● 梅山收七怪／彩繪／淡水義山集應廟

12. 子牙下蓬戰公明｜北投代天府

底下這件作品與九曲黃河陣成對出現，可惜已呈龜裂斑駁的情形。廟裡還有北投力固的磁磚彩繪，值得就近參拜欣賞。

● 唐明皇遊月宮／高雄王寶樹／彩畫／北投代天府

20. 三教會破萬仙陣｜士林後港景佑宮土地公廟

這齣金光陣的角色，不像是封神演義裡的情節人物，有可能是錦劍春秋的金光陣，或是薛丁山征西的金光陣……

● 金光陣／石雕／台北市士林區後港景佑宮土地公廟

淡水區

 D

彭祖八百祝壽年｜
淡水沙崙保安宮

金山區

1. 雲中子進木劍｜大龍峒保安宮

這件作品是 2000 年重修時，姚自來師傅從家裡拿出來給他的徒孫洪坤福裝上的。這個造型也常做為《封神演義》裡面做為姜太公或太上老君之用。（以上來自己故匠師潘坤地先生親口告知。）

●老人／姚自來／交趾陶／台北市大龍峒保安宮

10. 聞太師伐西岐｜萬華龍山寺

在這裡有好多珍貴的傳統藝術可以欣賞，不管是石雕、木雕、彩繪、交趾陶或是彩繪，都值得一再細賞。

●黃鶴樓／張添發／馬桶窯交趾陶／台北市萬華龍山寺

16. 太極圖收殷洪｜新莊慈祐宮

原畫係出自古畫圖譜，台北故宮博物院辦過展覽，也出現郵票畫冊等等。民間匠師有複寫做為民間裝飾藝術之用的情形發生，此即為一例。

●老子過關／石雕／新北市新莊慈祐宮

八里區

雲中子進木劍｜
大龍峒保安宮

三霄計擺九曲黃河陣｜
大龍街協天宮

士林區

內湖區

大同區

三重區

太乙真人收石磯娘娘｜
三重先嗇宮

1

14

松山區

泰山區

新莊區

4

7

赤精子太極圖收殷洪｜
新莊慈祐宮

16

黃飛虎反五關｜
三重普庵宮

孔宣兵阻金雞嶺｜
新莊武廟

18

板橋區

10

萬華區

23

聞太師伐西岐｜
萬華龍山寺

楊戩哪吒梅山收七怪｜
萬華祖師廟

楊任大破瘟瘟陣｜
中和福和宮

21

永和區

文山區

中和區

●四聘武丁／聘傅說／
萬華／清水巖

樹林區

土城區

新店區

三芝區

北海岸

石崇巨富苦無錢｜
金山廣安宮開漳聖王廟

B

嫦娥照鏡嫌貌醜｜
金山金面媽祖慈護宮

C

萬里區

基隆市

● 漢武爲帝欲作仙／
石雕／基隆慶安宮

漢武爲帝欲作仙｜
基隆慶安宮

中山區

七堵區

中正區

A

安樂區

仁愛區

信義區

瑞芳區

【四不足】走讀

　　雙北市除了可以看到《封神演義》的故事以外，也有「四不足」的故事可走讀——

梁武爲帝欲作仙：梁武帝四次捨身出家，為求成佛脫離輪迴，但最後卻活活餓死，死前連一杯水都討不到。另有匠師以漢武帝劉徹為故事主題來發揮。

石崇巨富苦無錢：石崇富可敵國，最終卻為自己招來殺機。

嫦娥照鏡嫌貌醜：嫦娥美極卻也孤寂，在月宮碧海青天夜夜心。

彭祖八百祝壽年：彭祖八百歲，卻為了好奇曝露自己的身分，讓黑白無常拘進陰間，了卻漫長的一生。

　　在民間故事的思維裡面，他們已是最強最大的人生勝利組了，卻還人心不足？廟裡用這些故事裝飾在廟裡，也是對人們的自我警惕，同時也是輝映人性的弱點。

暖暖區

A. 漢武爲帝欲作仙｜ 基隆慶安宮

民間說他們（複數，兩個以上）當了皇帝還不滿足，一天到晚想著成仙；有的說那是藉著古人的故事勸喻世人，不要像梁武帝（或漢武帝）那麼貪心，才會知足常樂。

B. 石崇巨富苦無錢｜ 金山廣安宮開漳聖王廟

四不足中的石崇，說他已是富可敵國的人了還在煩惱沒錢？被後人說他心不足，白話一點就是貪得無厭。可是找了幾篇與他有關的歷史故事，卻發現他不是「苦無錢」。所以，或許能是後人看他如此揮霍奢侈，用他來勸戒世人莫貪的勸世詩文吧！

●石崇巨富苦無錢／彩繪／新北市金山廣安宮開漳聖王廟

C. 嫦娥照鏡嫌貌醜｜ 金山金面媽祖慈護宮

●嫦娥照鏡嫌貌醜／泥塑彩繪／新北市金山慈護宮

D. 彭祖八百祝壽年｜ 淡水沙崙保安宮

●彭祖祝壽年／彩繪／新北市淡水沙崙保安廟

桃竹苗
西遊記

孫悟空大鬧天宮

自封「齊天大聖」

美猴王到了天庭受封「弼馬溫」，專事掌管天馬的工作。可是沒多久，美猴王一問司裡的小差役，才曉得那是一個無品無祿的小官，氣得封金掛印，棄官返鄉。

回到花菓山之後，聽從眾家結拜兄弟的建議，豎起大旗，自封為「齊天大聖」。

玉帝又獲報了。

「真真是膽大敢包天，連天都與他齊了？不捉來爛猴膠，來個乾淨處理，日後恐成大患。」有上仙出班啟奏。

但是太白金星又出面講話了。

「反正齊天大聖也不過是個有名無實的官名，何不把他收在身邊，避免擾亂三界。」

「有理，准卿所奏。」

孫悟空二上天庭，這次有了自己的官邸，但是孫猴子還是孫猴子～閒不下來，今天東邊找東華帝君，明日找五斗星君下棋，天曹各府，天天都要擔心他來扣門。（神仙在天庭難道也要辦公！不是什麼事都不用做嗎？）

MAP 01

（凡人以為上天什麼都不用做，可是四大功曹要註記凡人在世間日常的言行功過，死後論功過賞罰。龍王行雲布雨都要依玉旨行事，所以天上的神仙可能要比人間的還忙吧。）

「玉帝，何不真的派個差事給他做做，上回天曹的馬匹，都被他治的服服貼貼，可見他也不是個只會打鬧的無用之徒。」

「也是，就讓他去管蟠桃園好了。那裡只有花草樹木再無動物，這樣就不怕他惹事生非了。」

大鬧蟠桃會

蟠桃園，平時無事，但蟠桃成熟時，會有仙女前去摘桃，準備宴請群仙。

孫悟空知道瑤池盛會邀請的貴賓名單沒他。

「明明欺猴太甚。不！是欺人太甚。」（猴穿衫當做人）

蟠桃宴會現場，蟠桃（這個他已經知道好貨，當然先吃）一個一口，幾乎全被他咬過一遍；玉液瓊漿他當水喝；整個蟠桃大會的會場，被他搞得像颱風颳過的千人大宴，桌翻椅倒杯盤散落一地。就連太上老君兜率宮中，葫蘆裡的仙丹，讓他當成炒豆子吃到飽。吃飽喝足了，還知道打包，想帶回花菓山給他的猴子猴孫們享用。

天兵天將征花菓山

「太白金星，你倒看看，這成了什麼樣了？快給朕想想辦法。」

「臣推薦托塔天王與李元帥，領天兵天將前往征討。」

天兵天將出南天門下花菓山討戰。齊天大聖命眾家兄弟與妖魔鬼怪猴族等抵擋，無能退敵，只好單身匹馬飛縱半空中與之相鬥；孫悟空使著九轉玄功七十二變，力挫巨靈神、李元帥與四大天君、六丁六甲諸神聖等。

最後才由觀音菩薩推薦二郎神君前來襄助，（老君）暗中祭出金鋼圈打中孫悟空，又有哮天犬偷襲成功，把齊天大聖擒回天庭治罪。

地點：新竹新埔義民爺廟

作者：不詳

年代：不詳

藝類：交趾陶

八卦爐中逃大聖

孫悟空被捉到斬妖台綁在縛妖柱上，刀斧劍戟任何兵器都傷不了；孫悟空雖然只被封為齊天大聖一個閒職，但經過玉旨賜封已經成為正神，加上孫悟空本體是女媧娘娘煉石補天留下的石頭，又吃了蟠桃、仙丹，喝了御酒，管他神器多利，還是傷不了一根寒毛。太上老君向玉帝說他兜率官中，八卦丹爐可制那潑猴。

悟空被放進八卦爐中烤了七七四十九天，大家以為猴子變成「猴標六神丹」；在太上老君的僮兒獻策之下，聯合各部舉辦一場開爐大會。想要利用這個機會，宣揚天庭威信，廣招十方香火。提昇神仙界的知名度。看看能不能在下一次的神仙大會選中，被眾仙推舉，成為下一屆的萬教掌門人。

大家都在看，都想知道這個鬧得天地震動的孫悟空，經過老君的八卦丹爐煉過之後，會變成什麼呢？大家都很期待這天的到來。(你們都是壞人，還說大法慈悲。)

事說新語　民間對於齊天大聖孫悟空的認識，除了文學戲曲小說的影響之外，在民間信仰上也有祂一席之位。民俗中，據稱凡有太過調皮的小孩；或是不好帶的兒童。嬰幼兒誠心求助大聖爺保佑，就能獲得祂的護佑，平安順利長大。不過據說神明降駕時，常說：有病要先找醫生治療。真有找不出病因的，再來請祂老人家幫忙。

MAP 02

眾仙睜大眼，看著小童爬上高架，登上丹爐蓋，準備打開八卦丹爐。

只見僮兒才踩到爐蓋一下，天兵天將只見一道紅光射目，透著冒氣的白霧衝出爐蓋。霧中兩道紅光竄出丹爐之中。

「老孫不跟你玩了！」悟空跳出丹爐又轉身回頭一腳，踢翻八卦丹爐，大喊一聲：「老孫去也！」一時爐翻神仙倒，火紅的天炭灑落凡間，造成日後師徒西方取經途中所遇到的火焰山；不過那已經是五百年後的事了。

地點：桃園龜山樂善寺

作者：不詳

年代：2016年

藝類：彩繪

延伸賞析

圖右，齊天大聖一腳踢翻丹爐。看他踢倒丹爐的架勢，金雞獨立，金箍棒拿在左手。兩眼直瞪～八卦丹爐沒煉死他，反而替他煉成火眼目睛，視力更好，能眼觀千里。（比順風耳？）

圖左，太上老君被這一腳搞得驚慌失措，作勢欲逃。回頭看著孫猴子？一邊的小童從老君背後扶著，怕老人禁不起那麼一摔，給摔壞了。

圖左靠近中間位置，大朵煙霧自爐中噴出。往老君身上潑去，又迴旋往上飛昇～空氣汙染，罰他！

僮在畫面中上偏右的地方，拉出牆角，再斜出一道筆直的線條，分出室內戶外。屋外的林木樹景一直延伸到地平線消失。看似景小，實則把房子的大，經由透視的空間感給表現出來。

悟空的上衣，隱約透著綠意？虎皮裙似有黃色調？小童身上好像帶點紅色的感覺？十多年前的作品了，看不出原色是否為咖啡色？

太上老君　　　　八卦丹爐　　　　齊天大聖　　　　題名

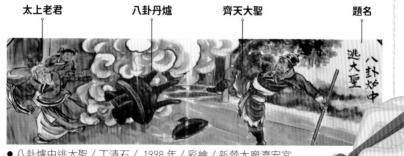

● 八卦爐中逃大聖／丁清石／1998年／彩繪／新營大廟濟安宮

魏徵斬龍

龍王打賭違反玉旨

有一個相士叫做袁守誠，能替漁人卜算，百發百中。龍王知道後不服氣，於是化成人形進入相舖找袁守誠卜卦。龍王要相士卜算下一場雨什麼時間下，下在哪裡，下多少？連幾時幾刻開始變天，到幾時下雨都一一問明。

相士照卦象一一說明。卻激起龍王好勝之心。心裡盤算著，我是龍王都不知道這些事情，單憑你區區一個凡夫俗子，就不信你有這個能耐奪天地造化？

於是龍王跟相士袁守誠打賭，若明日老天不照你說的起風下雨，乃爸一定來砸你店，拆你招牌。再把你趕出長安城，不讓你在這裡妖言惑眾。

龍王回到龍宮，立刻接到玉旨指示，而玉旨所示，全都被那個牛鼻子道人料中。

第二天，龍王沒按玉旨行事布雨。龍王下完雨後，跑到相士面前要掀他招牌。

相士卻對祂說，龍王，你不是人，你的身分我已經明瞭。你擅改玉旨已經犯下天條大罪，將受剮龍台斬首之刑。要命，趕快去向皇帝唐太宗李世民求救吧！晚了就來不及了。

MAP 03

地點：苗栗頭屋曲洞宮

作者：不詳

年代：約1975年

藝類：磁磚畫

龍王一聽，心下明白，嚇得魂飛魄散，也不回龍宮，就在長安街上等待天黑，好去皇宮找唐太宗李世民入夢。

夢中求救李世民

夜半三更，貞觀皇帝夢中魂遊花台，龍王一樣一身青衫布衣出現在皇帝面對。跪在地上和唐太宗說：「陛下是真龍，我是業龍。只因違反天條將被玉帝處斬。請求仁君救我一命。」

「我是人，你是神，我如何救你？」

「要斬我的人，是你駕前大臣，名喚魏徵。只要明日午時把他留在皇上的身邊，他不能上天庭的剮龍台，就能救我一命。謹記，謹記。」說完龍王飄然消失不見。第二天早朝，唐太宗告訴文武大臣們夢中龍王求救一事。軍師徐茂公出班啟奏獻計，只要把魏徵帶在皇上身邊就能救他龍王性命，也不算太難的事。魏徵？魏徵！魏徵今天卻沒上朝？「快，快去請魏愛卿入宮見駕。」

魏徵夢中斬龍王

魏徵昨天夜間接獲玉旨，今早已在府中擺下香案，準備夢斬龍王諸事。忽然間皇宮傳駕官急急來宣皇上旨意，卻不知所為何事？無奈之下，只能把布置到一半的事情擱下，急換朝服入宮伴駕。

李世民先與魏徵談論國事，談完就命宮女取出棋盤與他下棋。只見黑白棋子在星羅密布的棋盤上攻城略地，棋局一盤未完，魏徵卻趴在桌上睡著了。李世民想，人在身邊，量他也無法跑上天去斬他什麼龍王了。就這樣李世民揮著手中的御扇，望著打瞌睡的魏徵，心想怎麼睡到滿頭大汗？可能是操勞國事，連作夢都還在為寡人的國事勞心勞力吧？真叫人捨不得。

唐太宗把收來的扇子又打開，往魏徵的肩上頭上搧去，一下，兩下，三下。忽然間魏徵醒來，跪在地上謝恩：「臣叩謝皇上惠賜三道御扇，助臣斬殺龍王首級，完成玉帝使命。」

火雲洞

紅孩兒截路頭

　　唐太宗因救龍王未成，反被祂告到地府閻王面前。李世民的魂魄被拘到地府和龍王兩相對質，唐太宗的愛卿魏徵連忙請老朋友崔君暗中相助，替李世民添了陽壽。李世民答應回到陽間辦水陸法會，超渡在玄武門之變時死去的冤魂，讓他們往生西天，不必再受陰間的苦楚。水陸大法會中，觀音菩薩現身指點，要用大乘佛法才能讓陰陽兩利，超脫六道輪迴。

　　江流兒自小出家，法號玄奘，奉旨前往西天取經。

　　玄奘大師來到五指山下，揭了符帖放出孫悟空，後又收了龍駒寶馬和八戒、沙僧，一行人艱辛備嘗；師徒一行來到一處荒郊野外，聽到小孩在喊救命。

　　唐僧趨前一看，是個赤條條的小孩被綁在枯樹上。這小孩不是別人，正是悟空結拜兄弟牛魔王和羅剎女鐵扇公主所生的兒子，名叫紅

　　這段故事主要在說唐三藏和孫悟空之間對同一事物的態度。身為長者的師父擁有長輩的權力，卻看不出真相。徒有慈悲心腸，勞累了徒弟身心來往奔波。在辯不過的時候，又用權勢，威脅徒弟照自己的意思去做。如此一來，徒勞的孫悟空只能轉換念頭，當是不斷而來的磨練。

　　這種情形，套用在現實生活當中，就有政府部門與民間企業的長官和部屬；或父母與子女的情境相若。耗費時間精力與金錢資產還算次等傷害，就怕連身家性命也被愚忠愚孝給誤耗殆盡了。

MAP 04

孩兒，當境土地山神稱他聖嬰大王。腳下也有風火輪，簡直與哪吒太子沒兩樣。且已有三百年道行，能變化莫測。

孫悟空雖然很厲害，可是這次碰到紅孩兒卻吃足苦頭。

紅孩兒戲弄取經團隊

紅孩兒聽人家說吃唐僧肉可以長生不老，遂用法術把自己綁在樹上，想捉唐僧到火雲洞中要吃他。可是他聽說大鬧天宮的孫悟空非常厲害，就用法術作弄他們師徒，離間他們的感情。

孫悟空受師命，不得已解下並背著紅孩兒，走不到幾步，紅孩兒就移山壓在悟空身上。一座不夠就再加，加到悟空走不動才停止。惹得悟空發怒，弄了個屍解法，想把紅孩兒弄死。結果反而激起聖嬰大王起了旋風捉走唐僧。

悟空、八戒等人去火雲洞要人，反被他用三昧真火燒得揮師大敗。

孫悟空不得已只好跑到南海普陀山向觀世音菩薩求救，後來紅孩兒被觀世音菩薩收去，成了善才童子。

延伸賞析

《西遊記》裡的火雲洞，主要在寫紅孩兒阻擋取經人的去路，利用法術欺負唐僧肉眼凡胎不識鬼怪。再騙他慈悲心腸的感情，讓孫悟空吃盡苦頭。

泥塑作品，以內枝外葉的技法，表現紅孩兒變成一個小孩子倒吊樹上。孫悟空火眼金睛識破他的身分，準備朝他下殺手；卻因為豬八戒一旁抬哄，把唐三藏的情緒給引燃了，將悟空逐出師門。

圖中右邊樹幹上，吊著赤條條的小孩，悟空用手搭成遮陽狀望向小兒；唐三藏騎馬奔跑。後面的豬八戒，跑到耳朵也飛起來了；只有當挑夫的沙悟淨慢步而行。

山石景觀包圍他們，形成身處荒山野嶺的取經人，面對著前不著村後不著店的恐懼感。景物以白線勾勒，再用金漆描繪兵器和冠飾，把重點給凸顯出來。五官立體圓潤，屬於全形樣貌。不管人站在哪個角度看去，臉都不會變形。

沙悟淨　豬八戒　唐三藏　孫悟空　紅孩兒

● 火雲洞／泥塑／雲林西螺七座長山宮

孫悟空三調芭蕉扇

孫悟空大戰牛魔王

火焰山

　　唐三藏師徒四人一行越走越熱，四周一棵樹也沒有，放眼望去盡是赤焦大地，悟空呼叫當境土地公出來並詢問，才曉得原來這地方叫火焰山。

　　「這是誰造成的？」

　　「不就是大聖爺您嗎？」

　　回想一下，當年大鬧天宮被二郎神君擒拿，捉到天庭。任寶刀寶劍都無法傷害，還被塞進太上李老君的八卦丹爐。結果反倒煉成火眼金睛。臨走之時，踢翻八卦丹爐，那些仙炭掉落凡間，反造成此地的苦狀？

　　「好像有這麼回事。可是怎麼不說是老君、玉帝，他們自己容不下一個小小的齊天大聖，才把事情弄得這麼難以收捨的？」

　　「大聖爺，好，這麼說的話，您去跟他們講！」

　　「算了，誰叫我們比人家小。」

神奇芭蕉扇

　　土地公說這裡沒有春秋變換，一年到頭都這麼熱。農夫要播種，必須去向「鐵扇仙」求借芭蕉扇來搧地；那把芭蕉寶扇可真厲害，一搧熄火，再搧生風，三搧就下雨了。農人耕地、下種、收割，全靠這把芭蕉扇。

　　「鐵扇仙是誰？」

MAP 05

土地公説：「聽説是上界牛魔王之妻，羅剎女鐵扇公主。」

這下完了，遇到冤家對頭了。老孫才把她兒子送去當和尚，這下西天取經玩不去下了。

孫悟空硬著頭皮去借芭蕉扇。鐵扇公主聽到孫悟空三字，拿出芭蕉扇用力一揮，把孫悟空搧到十萬八千里外，也不知飛了多遠多久，孫悟空覺得勉強可以看出眼前的景物之後，伸手握著一顆大樹才停下來。

孫悟空三調芭蕉扇都未能成功，最後靠諸天神佛才來制伏牛魔王和鐵扇公主，拿到扇子搧掉火焰山的大火。師徒四人繼續往取經之路前進。

地點：苗栗竹南后厝龍鳳宮　作者：宜蘭景陽磁磚　年代：不詳　藝類：磁磚畫

延伸賞析

〈火雲洞〉和〈火焰山〉是兩齣戲；一前一後。由牛魔王和鐵扇公主的兒子紅孩兒為主線拉起的連續劇。

廟裡梁枋經由油漆彩繪，讓神明殿堂產生金碧輝煌的神聖感，同時也具備人文藝術氣息。不管是戲曲典故還是花卉吉獸，大都有著垛邊框或垛頭包著，顯其尊貴與華麗。

故事情境就在坊心垛仁裡面展演。崇山峻嶺和古典造型的雲朵，表現出遠近的空間感。孫悟空在右半以全身姿態出現。背後的鐵扇公主比例縮小，手中巨大的芭蕉扇，超過她的高度。將芭蕉扇可大可小的變化，透過畫面表現出來。

人物採寫實與工筆交互運用。用色濃淡帶出人物的立體感。說是傳統藝術，論真來說，應是與時俱進的民間技能展現。

超大的芭蕉扇　　**鐵扇公主在遠方搧芭蕉扇**　　**孫悟空的猴毛被強風吹得亂飛**

● 火焰山 / 蔡孟學承作 / 2016 年 / 彩繪 / 桃園龜山樂善寺

1. 孫悟空大鬧天宮 │新竹新埔義民爺廟

砂岩石雕。這件作品名為「唐太宗看鳳凰」，與「泥馬渡康王」對仗。在新竹新埔義民廟除了美好的交趾陶外，還有這古樸的傳統戲曲典故作品。

● 唐太宗看鳳凰／砂岩石雕／新竹新埔義民爺廟

白沙屯媽祖進香

　　台灣民間信仰裡頭堅持徒步進香的民俗活動，就以白沙屯最為人稱道；有目的地卻沒固定的路線。媽祖鑾駕怎麼走？哪怕是在前方帶路的黑令旗執事人員，也無法猜測媽祖下一步會往哪邊向前衝。神轎裡面有兩尊媽祖，一尊是山邊媽，一尊是白沙屯拱天宮的白沙屯媽。原本只是聚落信眾年復一年的往返於雲林北港和苗栗通霄白沙屯之間的回鑾進香。隨著時代科技資訊發達，每年追隨的信眾一年比一年多。長長的人龍或前或後、時左時右，一步一步的向前邁進。

● 2012 年跟著白沙屯媽出城，從黑夜走到天亮拍下的景象。

孫悟空三調芭蕉扇│竹南后厝龍鳳宮

火雲洞│苗栗白沙屯拱天宮

魏徵斬龍│苗栗頭屋曲洞宮

觀音區
新屋區
楊梅區
新豐鄉
湖口鄉
新埔鎮
孫悟空大鬧天宮│新竹新埔義民爺廟　1
北區　竹北市
東區
香山區　寶山鄉　竹東鎮
竹南鎮　5　北埔鄉
頭份市　峨眉鄉
三灣鄉
造橋鄉
後龍鎮　苗栗市　頭屋鄉　南庄鄉
火雲洞│　3
西湖鄉　4　魏徵斬龍│
通霄鎮

八卦爐中逃大聖｜
桃園龜山樂善寺

2

大園區

桃園區　　龜山區

中壢區

八德區

平鎮區

大西區

龍潭區

復興區

關西鄉

橫山鄉

尖石鄉

五峰鄉

2. 八卦爐中逃大聖｜桃園龜山樂善寺

桃園龜山樂善寺雖然是近代建築，但是廟裡的裝飾藝術作品卻有著深厚又精緻的表現。在這裡可以看到以《水滸傳》一百零八位好漢的肖像畫，像花和尚魯智深、行者武松等等英姿的彩繪作品。另外如十天干和十二地支的擬像也表現的唯妙唯肖。

●水滸英雄／彩繪／桃園龜山樂善寺

3. 魏徵斬龍｜苗栗頭屋曲洞宮

苗栗頭屋曲洞宮裡，有著豐富的民間故事的磁磚畫。所採用的戲曲典故也都是大家耳熟能詳的故事。圖為薛仁貴征東的白袍將救駕。另外三國演義和封神演義的故事也極為精彩。

●李世民困海灘／磁磚畫／苗栗頭屋曲洞宮

4. 孫悟空三調芭蕉扇｜苗栗白沙屯拱天宮

苗栗白沙屯拱天宮是一座近代鋼筋混凝土建築。但是廟裡的雕繪裝飾作品仍然具有傳統藝術文學美感。像這種純裝飾的豎材作品就用人生四暢表現，看他們伸懶腰打哈欠，或手拿不求人的竹如意在搔背抓癢，是不是跟我們日常生活很貼近呢？

●人生四暢／木雕／苗栗白沙屯拱天宮

5. 悟空遇鐵扇公主｜竹南后厝龍鳳宮

近代交趾陶作品。看他英姿颯爽的雙槍陸文龍，躍馬回頭力戰岳家軍的四槌八將。就像是在戲台前欣賞一齣精彩好戲一般。廟裡還有宜蘭景點的磁磚燒，在台灣西部算是比較少見的；另外還有一尊巨大的天上聖母的塑像。從遠遠的地方就可看到慈航護民的聖像，也是此境的一大地標。更是人們的精神靠山。

●朱仙鎮／交趾陶／竹南后厝龍鳳宮

義民祭

在台灣的民間風俗裡頭，有一特別的義民爺信仰，並在台灣歷史發展過程中，面對統治者的態度所引發的反應，有著不淺的因果利害關係。

這種歷史共業發展出來的民俗信仰，是住在這塊土地上的人們，面對統治者的三年官兩年滿的消極態度，和朝代更替之中的戰亂苦難而生。百姓在生活日漸穩定之後，對於戰亂中犧牲者產生悲天憫人的胸懷——獻祭，求祂們保佑人丁平安。透過豐盛的祭典，祈求陰陽兩利，闔境平安。

新竹新埔義民爺廟的義民爺祭典，誠為全台最廣為人知的民間信仰大事。而義民爺廟建築古樸典雅，傳統民間裝飾藝術內涵精緻高超，情境深邃幽遠，令人望之不禁由內生發敬仰尊重的胸懷。

●大氣宏偉的義民爺廟外觀。水車堵位置有著美麗的交趾陶，替神明殿堂提昇人文藝術水平。

宋室群英
在中投

轅門斬子

楊六郎守三關

　　楊六郎鎮守三關，遼國排出天門陣要試六郎的能力；發出警告說，如果無法破陣，遼國就要起兵攻破三關，進兵中原。

　　六郎寫信回家，請母親老令婆前往協助。沒想到竟然被六郎之子宗保知道，偷偷尾隨在後來到三關（宗保半途得到一部《天書》）。宗保此行也替父親解開天門陣的奧秘，讓番邦一時之間不敢亂動，可是要破陣卻還無能為力。

　　宗保從《天書》知道，要破天門陣必須要有降龍木。但普天之下只有穆柯寨裡有降龍木，宗保奉命前往商借降龍木。

　　稍早，焦贊、孟良二將先前去穆柯寨，一言不合與穆桂英大打出手，又被穆桂英擒去。穆桂英聽到焦、孟二將讚起他的小將軍楊宗保的功夫多好多好，只要小將軍一來，汝穆桂英就變成木瓜英了。

MAP 01

穆桂英

地點：南投草屯朝陽宮

作者：不詳

年代：不詳

藝類：玻璃剪黏

　　桂英被激，一心只想跟楊宗保比試，真的放了焦、孟回去。楊宗保聽到焦、孟兩位叔叔說，穆桂英說自己不是她的對手，氣呼呼的跑去要跟她一決勝負。

　　楊宗保卻不敵，被穆桂英生擒。穆桂英一見傾心，主動想與宗保結親，並以獻降龍木為歸降宋軍之禮，宗保答應。兩人陣前私訂終身，且結成夫妻。誰知道回到宋營，卻被六郎以陣前通敵之罪，綁到轅門欲斬。

穆桂英救夫

　　老令婆獲報，趕到帥帳白虎堂要向元帥討保小孫兒，楊延昭為正軍威不肯讓步。

　　老太君說宗保還小，才十四歲。

　　六郎延昭舉出古人年少出將的名人，甘羅十二歲封相，周瑜年紀輕輕就統大軍，破曹軍八十三萬於赤壁。難道他們都不是神仙下凡轉世，只有宗保是畜牲投胎？

　　老令婆勸不來，責問兒子，殺了宗保，楊家日後誰上墳頭祭掃？

　　楊六郎悲怒無言，取下寶劍向著老娘說：「老娘親再要討情，不孝子只好自刎，向宋王與楊家列祖列宗謝罪。」

　　老令婆無奈離開白虎堂。

　　不久，八賢王也來向六郎求情。八賢王趙德芳說起當年七郎殺了魏豹，是本王代為求情；這點人情六郎也該沒忘。潘仁美害楊家一門，也是本王多所奔波，才有六郎如今玉帶紫袍。宗保這個人情，也該讓本王討個人情，饒了我那小外甥。

　　六郎卻說：「這是兩回事；再說我大哥代宋王而死，二哥、三哥被遼兵所殺，四哥流落何方仍不知，五哥五台山出家吃菜做和尚，七弟被潘奸一百零八箭射得滿身是。我紫袍玉帶是楊家一

門鮮血和戍守邊疆堆出來的，與賢王有何干係？」

八賢王聽完怒火中燒，接著又是一番爭論。

六郎說：「對對對，我楊家領的是您趙家的俸祿，守的是汝宋室的江山。如今，我這帥印也不要了，就把帥印交還給賢王自掌兵權。解甲歸田對我，不也是一件輕鬆自在的事。」

八賢王勸不下來，也生氣離開白虎堂。

「你楊六郎殺的是你楊家的人，與我姓趙的何干？哼！」

穆桂英趕來救夫，她表示願意獻出降龍木助楊家軍破天門陣，六郎仍是不允。最後在焦贊、孟良的暗示之下。（吃硬不吃軟，弄他一下，弄他一下。）穆桂英抽出寶劍威脅六郎：

這齣戲原來就是平劇的大戲。其中刀馬旦和各個行當輪番上場。有老生、老旦、武旦、大花臉（淨）等等。其中對於情理法更有深入的探討。這個部分，應該頗能引人遐想的吧。

論起情，劇裡楊六郎執掌兵符，可真六親不認。雖然說前情是穆桂英先把他打敗了，讓他在三軍面前顏面無光。但在法的上面，卻容不得他以親犯戒。連老母親來講情，依然無可轉圜。

八賢王來討人情，更是被六郎一陣刷洗。反正我正軍威的目的，也是在保你們趙家的江山，這個元帥不當，也無有關係，就還給你們也罷。

封建思想裡面，不只是皇家人會這麼想，就連一般老百姓也是如此心腸。更不講那「食君俸祿」的文武百官了。

但如果連官都不要了，就算皇帝老爺來求我，也沒用。

「君要臣死，臣不死不忠；父要子亡，子不亡不孝。」

古代社會，一個明君認真的不能隨隨便便，捉個老百姓來殺掉，不然會激起人民造反的。不過，明君也要有良臣輔佐，天下才能太平，百姓方能安居樂業。

在法治的民主社會裡頭，其實在某些角落，多少還有些「封建的威權遺痕」存在。君不見幾多團隊體系和公私民營單位裡面，還有些奉黨上意思行事之夫。而無視宏觀歷史之下的人文史地自然景觀，以及棄庶民百姓民情風俗於不顧，一切以上意為依歸，甘冒違法之險的行徑也時有所聞。

「給不給？給不給嫁？給嫁，你得一個媳婦外帶一支生力軍。不給，番婆番番一刀，讓你前胸透後背。」

六郎對著帳下的焦、孟二將及眾將說：「要本帥赦那小畜牲，汝等何人願替他做保？」

焦讚、孟良開心的去向老太君和八賢王取得具保文書，又有眾將一同聯名具保。焦、孟二將更是上了一摺小帖，也替宗保討了人情。

到此，楊六郎才釋放宗保，讓桂英與宗保拜堂完婚。在穆桂英的幫忙下，大破天門陣。

延伸賞析

傳統民間戲曲藝術一直都是匠師展演手藝的主要創作泉源。加上對戲劇的情節和人物個性的認識，他們可以把戲台上簡單的道具布景立體化。製件美輪美奐、金碧輝煌的亭台樓閣，烘托戲情人物的喜怒哀樂。

對人物個性的掌握，該怒，該狂，該笑，該悲的被他們強調、美化。

一座白虎堂，變成一座兩層樓的宮殿。樓下，堂中六郎怒氣沖沖對著救夫心切的穆桂英四目對戰。一旁紅鬚孟良佯裝抵擋，和穆小姐揮舞兵器。佘老太君、楊宗保等人神情各異。但都不脫神氣華麗，好一幅一觸即發的公堂劇被富貴華麗的展演開來。

樓上，兩名小童看似與劇情無關，卻為緊張的氣氛，平緩觀眾的情緒。

楊六郎延昭

紅鬚的孟良

楊宗保　焦贊　佘太君老令婆　穆桂英

● 轅門斬子／葉鬃，葉進祿／玻璃剪黏／台南北門永隆宮

木雕員光作品。兩齣都算是公堂戲。轅門斬子在表現父權和女權的衝突；苦肉計卻是主人跟客人的鬥智。

兩齣戲都隱藏著一股氣在廝殺，可是卻讓人看不到刀光劍影。就算有，也只是演個戲而已。真正廝打的是內心戲。

① 轅門斬子 / 民雄大士爺廟

② 苦肉計 / 民雄大士爺廟

「苦肉計」常聽到，但對上「盤絲洞」就較少聽到，為何放在一起對比呢？

轅門斬子最後是少男少女結成連理枝，有情人終成眷屬。可是對上的卻是豬八戒入盤絲洞？箇中隱意，可能只有匠師才知道吧？

③ 轅門斬子 / 台東忠善堂

④ 盤絲洞 / 台東忠善堂

耶～有《西遊記》的故事，我喜歡。

狄青對刀

狄青無功不受祿

　　狄太后與狄青姑侄在南清宮相認之後，仁宗皇帝有心博取狄太后歡心（仁宗皇帝小時候在南清宮長大；見《狸貓換太子》），想封狄青一品大官。

　　狄青年小志氣高，不想無功受祿。狄太后卻說狄青不乖，都不聽姑姑的話在生悶氣。狄青拗不過狄太后的心意，只好要求萬歲爺，為求服眾，想跟朝中武將比武。「若勝一品官就受一品職，勝二品受二品官，若自己沒能力獲勝，當然無顏受封官位。」

　　狄太后怕姪子受傷，從太廟取出先皇金盔金甲，讓兒子潞花王拿給狄青穿戴。狄青先是不知情披掛上陣，連勝朝中武將數名之後。皇上擬開金口封贈之際，有人看不下去出班──

　　「啟奏皇上，狄青穿著太祖的金盔金甲，眾朝臣看到先皇盔甲不敢冒犯，狄青才打敗眾人的，如此受封狄皇親，想必也要自覺慚愧吧？」

MAP 02

狄青年輕氣盛

狄青聽到這番話，果然又使起牛脾氣，拒受皇恩封賜。並且自願脫去先皇盔甲，要求重新比武。並揚言，願立生死軍令狀，用真功夫上校場比武。

太師龐洪本來還為狄青有狄太后做靠山，又見到他穿掛先皇盔甲，眾人不敢冒瀆先皇神威，想替兒子報仇的機會眼看就要消失了。如今，聽到狄青竟然不知死活，要求立下生死軍令狀；「正正是天堂有路你不去，地獄無門自來投。」「愛死！免驚無鬼通做。」

雙方各自尋出保人，狄青這邊眾家皇親，無人敢違背狄太后的意思，不敢替他作保，最後由包公挺身而出為他作保。（一定要讓包公有戲，好符合作品表現，這叫看圖說故事。）

彩山殿前，校場之上，雙方用全力展開死生廝殺，最後天化被狄青腰斬於馬下；名為「狄青腰斬王天化」。

事說新語

這齣戲在台灣民間裝飾藝術算是大部頭，時常可見。有的寫著《彩山殿》，也有寫著《狄青對刀》、《萬花樓》。另有近代比較少見的《京遇緣》；原出自中國地方戲曲的劇名；有些寫白字成為「京儀賢」。

姑疼孫～同字姓；狄太后不畏人言，只想照顧兄長的遺孤。但小孩狄青卻有他自己的想法。於是有了這段世代流傳的演義戲曲，給人們茶餘飯後閒聊的故事。

古今皆然，人性都是相通的。在台灣乃至華人社會，姑表（兄妹各自所生的小孩與長幼彼此的人倫，視為至親）、姨表（姐妹各人的小孩，已各自繼承父親的姓氏。）若論親疏，多少還是有些差別。這在上一代的阿公、阿嬤（外公、外婆）還在的時候，多少還有著行親的往來。等到小孩長大之後，常見各奔西東。俗諺，「一代親兩代表，三代散了了。」話聽起來或許覺得刺耳，但論真來講，也是人生常態，沒什麼好悲喜的。

地點：台中豐原慈濟宮

作者：不詳

年代：不詳

藝類：交趾陶

透雕花窗作品。最上面一層有亭台樓閣表現宮內或室內；彩山殿或書採山殿，說的都是狄青對刀。這件上下局有連戲，上面是皇帝大臣在司令台上看狄青和眾將比武的情景。中間是觀戰的將士，下方才是狄青和王天化。

甘露寺上層角色，差不多整齣都表現完成。中間跑馬的將士和下方爭戰的畫面，或可當成豐富畫面之作。

狄青比武，看的是背景靠山；甘露寺，看的卻是知己知彼、通透人性的玄機。

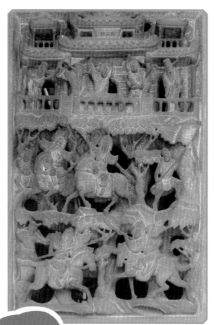

① 彩山殿狄青腰斬王天化 /
　新營真武殿

② 甘露寺 / 新營真武殿

為什麼石雕作品的上面
都用「宮殿」表現？

　　玻璃剪黏作品。狄青對刀，主要目的是表現正直的年輕人血氣方剛，為一口氣爭個面子。而魚腸劍專諸刺王僚，卻是因為個性剛直孝順，被伍子胥相中。雖然事情成功了，卻也賠上一條性命。

　　剪黏材料的使用，受到時代演變及流行影響，玻璃或碗片及生活中的素材再利用，一直都有人在做，主要跟人對藝術內涵和門面的重視與否，有著相當關係。

③ 狄青對刀 / 台西安海宮

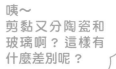

咦～
剪黏又分陶瓷和玻璃啊？這樣有什麼差別呢？

④ 魚腸劍 / 台西安海宮

單單國狄青
大戰八寶公主

雙叉崗誤入單單國

狄青在校場斬了王天化之後，奉旨押送征衣前往三關給楊宗保的軍隊，領兵五萬與四位將軍（合稱五虎將）往三關出發。

焦廷貴為前部先鋒，孟定國領兵三千為後隊解糧官。兵馬來到雙叉崗，遇到一名老樵夫，焦廷貴開口問路沒禮貌又太大聲，把老樵夫嚇了一跳。老人看到焦廷貴禮數全無，又被嚇一跳，故意指錯方向，使得狄青誤走單單國。

焦廷貴又不分敵友，誤殺年年進貢的小邦單單國邊城守將禿天龍、天虎兩虎兄弟，引起八寶公主出兵相殺。

說起這個八寶公主，乃是廬山老母門徒，有仙術法寶綑仙索和其他法寶，因此外號八寶公主。八寶公主學成下山之際，師尊廬山老母

事說新語

戲台下有哪種事，戲台上就有哪種人。戲劇描寫的是人性，它的情節不一定就是歷史。

戲劇演繹的就跟現實人生一樣，有關係就沒關係；同樣是陣前招親的狄青，雖然他一再抗拒，但最終還是答應了。而奸臣孫秀和龐太師等人抓到把柄，當然不會放過。可是，因為狄青是南清宮狄母后的侄子，仁宗皇帝為了怕狄太后生氣，多有掩護著狄青，因此龐太師等一班奸臣也不敢太過分。居然同意狄青戴罪立功補過。

MAP 03

曾對她說，當烽火到時，也是弟子許配終身佳期，說她與中原英雄有宿世姻緣。公主問師父，那冤家姓名？盧山老母只跟他講綠葉青青，是王禪老祖的高徒。剩下的就說是天機不可洩露。

地點：台中龍井龍北路福田宮

作者：不詳

年代：不詳

藝類：玻璃剪黏

狄青對戰八寶公主

八寶公主在戰場中，看到狄青生就英俊瀟灑，心裡已有好印象。招招手下留情。狄青看到公主生就花容月貌，一時也看呆了。雙方部下看主將打又不打、歇又不歇，忍不住鼓譟起來。狄青偷偷拿去人面金牌戴上，又唸出咒語「無量佛」，怎知公主是單單國的人士，不是西遼兵馬，人面金牌不能發揮奇能。公主祭起綑仙索活捉狄青回營。八寶公主把狄青用囚車押回本國國都面見父皇。單單國國王命人把狄青連同五虎將判處斬刑。緊急時刻，狄青的師父王禪老祖心血來潮，知道徒兒武曲星降世的狄青有危，趕去找盧山老母。由盧山老母到單單國救回狄青。但狄青卻以忠義不敢許諾公主的婚事；最後單單國君臣多次勸解狄青，狄青才答應入贅單單國，喜劇收場。

延伸賞析

北投力固磁磚的作品。狄青和八寶公主一前一後在原野上廝殺。兩人各居中間位置的一半。狄青用砍馬刀，八寶公主使雙劍。右上和左下有山石小樹壓住全場，穩定全局。然後在狄青馬前一叢小樹，讓畫境有了立體空間感。（再過去就是斷崖了）

那支「寶」字號的帥旗，從公主的背後樹林裡伸出來，是要表現林中有八寶公主帶來的大軍嗎？（那位置又剛好和她的手相連。猛看還以為公主拿旗又拿劍？）

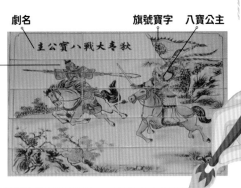

劇名　　　　　　　　旗號寶字　　八寶公主

狄青

● 狄青對戰八寶公主／北投力固
出品／1979年前後／磁磚畫
／台北市北投代天府

精忠報國

岳飛初登場

　　盡忠報國也叫精忠報國。岳飛校場比武，槍挑小梁王，武狀元沒拿到反而遭受誣告。幸好有宗澤大人從中周旋才得以活命離開。後來在南薰門大剿太行山大盜，皇恩卻只封個承信郎。岳飛不肯就職，因此返回家中務農養親。

　　康王趙構登基後，繼承大統偏安南方。但此時除了有北方的金國壓境，各地也是匪賊四起，有的根本已豎旗自立為王，洞庭湖楊么也是其中的一支勢力。楊么聽謀士王佐說起岳飛的名聲和英勇事跡，有心招他入伙同圖榮華富貴。王佐奉旨前往。

　　王佐先與岳飛結拜，然後以私情想要打動岳飛的心。等到岳飛接受兩人結拜之後，才把楊么賜下的錦袍玉帶和黃金托出奉上。岳飛聽完王佐的話後，臉色一沉，立刻把前面卻之不恭收下的銀子，還有面前黃金袍帶，一併奉還。

　　並且向王佐說：「今日結拜情誼就此圓滿，日後各扶其主，若不得不見了面，還請兄弟迴避一二，莫要爭鋒才好。」王佐滿臉羞愧，抱著禮物離開岳飛的家。

MAP 04

岳母刺字

　　岳飛的母親，看到兒子拒絕王佐的邀請之後，怕他日後又有人用黃金美色和名利來向他招手，讓他做出違節的事情。

　　先是讚賞兒子的忠貞報效朝廷的心，然後再跟他說起內心的擔憂。岳母告訴岳飛說：「今天見兒不受叛賊利祿誘惑感到欣慰；但是為娘擔心娘死後，又有那不肖之徒前來勾引，萬一鵬兒一時失意，在無可進退窘迫的節骨眼下，做出不忠之事，豈不是把半世芳名，毀於一旦。」

　　岳飛說：「娘，不會的，請娘放心；還請娘親多加保重身體，勿為不肖兒掛懷傷了身體才好。」

　　岳母又說：「不是為娘不相信兒子。今天為母敬告天地祖宗，要在你背上刺上『盡忠報國』四字，希望你永遠記住要像今天一樣，堅持做個忠臣，為朝廷效力。」

地點：南投竹山連興宮
作者：劉昌洲
年代：約1972年
藝類：彩繪

延伸賞析

　　洪平順彩繪師傅的中期之作，臨摹台南府城畫師的作品。畫裡有巨型的旭日東升海水江牙圖。樹木自圖邊框的牆邊斜出向上，芭蕉在大樹下方連著樹叢延伸出去。

　　赤著上身的岳飛跪在地上，前面案桌一顆宣爐，爐中香煙嫋嫋的飄出屋外，連接到遠方的山嵐。遠處平原和起伏山巒被雲霧隔開；左半約四分之一局面，像極傳統的山水水墨畫。

　　主要場景則有工筆界畫的意境。人物線條帶著點芥子園畫譜的味道。釘頭老鼠尾描，折蘆描，交叉運用。人物的敷色有西洋明暗處理。岳飛的妻子像平劇生、旦一樣，額頭到鼻梁刷白。

　　臨摹前人作品，主要在練習前輩的長處，初期力求一致。再來體會材料和載體的融合度。為什麼這樣，又為什麼不是那樣，都必須達心領神會，才算完成臨摹的目的。接下來才是開創自己的道路，走出自己的藝術風格。

　　洪平順老師自習而成專業師傅，同時也是老闆，還是經過傳統技術保存者認證的專業畫師。我們從這些畫作，窺視畫師走過的心路過程，誠然也是一種人生的學習。

宣爐　　　岳母為兒刺下「精忠報國」　　岳夫人抱幼子

題名落款　　　　　　　　　　　　　僮兒或當岳雲

● 岳母教忠／洪平順／1984年／彩繪／雲林斗南新興宮

朱仙鎮八槌大戰陸文龍

朱仙鎮一役

宋室南遷，岳飛領岳家軍對抗金兵，後來岳飛被宋高宗趙構和秦檜用十二道金牌召回，賜死在風波亭。

岳飛在朱仙鎮遭遇金兀朮義子陸文龍，被打得無招架之力。岳雲、嚴成方、何元慶、張憲等將，依岳元帥戰略，採「車輪戰法」消耗陸文龍力氣。但陸文龍卻是越戰越勇，好像有用不完的精力一樣。岳飛因打不下陸文龍發愁，高掛免戰牌。

統制王佐向岳飛獻計，自己想學「要離『斷臂』刺慶忌」進入敵營。因為他懷疑金兀朮的兒子，很像潞安州節度使陸登之子，打算潛入敵營策反。但是岳飛沒答應。

王佐並沒因為岳飛的拒絕而取消念頭。

事說新語	這個故事流傳頗廣，〈岳飛傳〉裡面的幾個要角，都是從敵方改投他的陣營的。在威權時代，這樣的復國大戲，常受到主政者的青睞。不管行事作風是否光明正大，只要是為正方謀略的都是好計，但是反方的計策都叫陰謀。金兀朮在小說裡面，很特別的是，被寫成有義氣和有個性的漢子。

MAP 05

王佐夜潛敵營

半夜中，一個斷臂的人在番營營區被捉到。經過金兀朮一番盤問，相信王佐的話；確認不會影響軍機，金兀朮將他取名「苦人兒」，讓他在營區自由活動。

好奇的番兵爭著要看他的斷臂，有時與他戲耍，王佐藉著自由行動的機會，四下尋找陸文龍的營帳。皇天不負苦心人，王佐跟幾個投降的南方人講起家鄉話，被陸文龍的乳母聽到，借故問話；王佐才證實陸文龍果然潞安州節度使陸登之子。

陸文龍身世大白

王佐藉圖說古，《越鳥歸南》、《驊騮向北》，讓文龍心生民族家國的廉恥之心，然後再找時機，把他的身世講出來。陸文龍向乳母查證，知道自己竟然是個認賊作父的不孝子。氣急敗壞就要跑到大營行刺金兀朮。王佐再三勸慰，尋機帶著乳母改投岳飛，岳飛命人將陸文龍的乳母送回原鄉。把陸文龍收於帳下一起對抗金兵。

地點：台中科博館萬福宮舊材重組民間藝術館

作者：不詳

年代：不詳

藝類：木雕

延伸賞析

天山磁磚出品，潘麗水畫。雖然都是直幅的作品，木雕和磁磚畫的表現卻有些不同。這種畫境比較像高遠斜角的鳥瞰（看）。主角陸文龍被安排在中下偏一點點。四將八槌拉開上下分布。各路人馬略為重疊表現。遠方，最上端有岳飛帶隊（有旗號表示軍隊隨行）觀戰（馬腿是直立的，未做奔跑或行進狀）。

全景以濃淡變化的綠色處理。樹木與雜草以藍、綠、橙交雜點染表現。山石則以披麻皴法上色。人物五官一樣俊秀登樣，線條處理有點工筆的味道。

● 朱仙鎮八槌大戰陸文龍／潘麗水／1964 年／磁磚畫／台南北門永隆宮

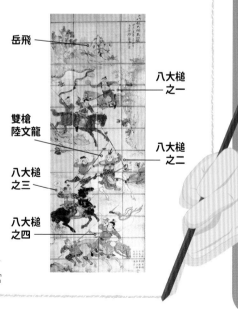

岳飛

八大槌
之一

雙槍
陸文龍

八大槌
之二

八大槌
之三

八大槌
之四

破缸救友

關鍵人物與故事

　　破缸救友，中國文學篇名，宋史原文為「甕」。缸，是後人改的。破「甕」救友轉為破「缸」救友一詞是何時出現的？待查。

　　司馬光，司馬是複姓，單名光，字君實。

　　七歲的時候和同伴在院子裡玩耍，一個小孩頑皮，站上水缸玩，不小心滑落水缸內，同伴嚇得四散奔跑。這時的司馬光，急中生智，在地上找到一顆石頭，朝水缸砸去。水缸破了，小孩獲救。

　　有人說由小見大，司馬光小小年紀，就展現冷靜的思考和應變能力，長大以後的發展，自然是不可限量。

　　小小的司馬光救人事件，經被救的那個小孩的家人一再四處讚揚，小小的年紀就已經被大家認識。

事說 新語	以兒童教育來講，司馬光的破缸救友，要告訴小朋友的是鎮定，急智救人。但另一件不要撒謊的事情，卻更值得跟小朋友說。

　　小孩子在學齡前都是探究的階段，有什麼就吸收什麼。

　　「有人說小孩子不會講謊話？」說來也不大正確；有些小朋友心眼多，台語說「目珠根大條」，他們也會察顏觀色，知道說什麼話、做什麼事能獲得大人讚美；或做什麼事情卻會被大人斥責。因此會選擇對自己有益的話來講，便有了誠實與不誠實的區別。大人若不能及時教導，小孩便可能不知正確與錯誤，安全與危險的區別。

MAP 06

地點：台中霧峰七將軍廟

作者：不詳

年代：不詳

藝類：彩繪

《宋史》曰：「群兒戲於庭，一兒登甕，足跌沒水中，眾皆棄去，光持石擊甕破之，水迸，兒得活。其後京、洛間畫以為圖。」

有沒有人懷疑，是司馬光和小朋友們玩大膽遊戲，爬上「甕缸」緣口走步。其中一個小朋友失足滑落甕缸裡，怕被大人罵才驚慌四散？司馬光臨危不亂，拿起石頭用力打破水缸；而那些小孩把大人喊來，才看到破缸救友這一幕？（不過這個故事的真假，好像還沒定論？因此以未定的故事，去推論其他可能，好像也是怪怪的？）

關於司馬光小時候的故事，還有一件是比較沒爭議的；有一次他姐姐想把核桃上的青果皮去掉，弄了好久還沒辦法去掉果皮，姐姐走開之後，司馬光自己想繼續把果皮去掉，可是怎麼弄就是沒辦法順利去除果皮。府裡的丫環看到，把核桃拿去用溫水泡著才把核桃給剝乾淨。姐姐回來之後果皮已經去除，問他說：「是誰把果皮弄乾淨的？」司馬光說是自己弄的啊。這些事剛好被司馬光的父親看到，跟司馬光說：「囡仔郎怎麼可以撒謊！」從此司馬光就一直記在心裡，不敢不誠實對人了。這件事情被司馬光記載下來，後人才知道有這回事。

司馬光，是北宋年間的人，用了十九年的時間，編了《資治通鑑》這部編年史。

可是他的官運並不亨通，他和王安石各是改革朝政對立的一方。王安石是改革派，而司馬光比較保守，蘇軾（蘇東坡）就是跟他同一邊的，但是司馬光的際遇比蘇東坡還好一點。不過在文學的名氣上，卻是東坡先生比較被後人知道。

戲看宋室群英在中投 MAP

狄青戰八寶公主｜
台中龍井龍北路福田宮

狄青對刀｜
台中豐原慈濟宮

2

3

朱仙鎮八槌大戰陸文龍｜
台中市科博館

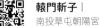

5

大甲區

大安區

外埔區

清水區

后里區

石岡區

東勢區

梧棲區

沙鹿區

大雅區

豐原區

潭子區

北屯區

新社區

龍井區

北區
西區
南屯區
中區
南區
東區

大肚區

大里區

太平區

烏日區

破缸救友｜
台中霧峰七將軍廟

6

霧峰區

國姓鄉

轅門斬子｜
南投草屯朝陽宮

1

草屯鎮

南投市

中寮鄉

1. 轅門斬子｜南投草屯朝陽宮

● 百里奚聽琴認妻／彩繪／南投草屯朝陽宮

2. 狄青對刀｜台中豐原慈濟宮

故事的主人翁名叫車胤，是一般窮苦人家。晚上為了
讀書，取螢火蟲光源讀書。這個故事是古代用來對小
朋友勸學的民間故事。

● 螢光夜讀／彩繪／台中豐原慈濟宮

3. 狄青戰八寶公主｜台中龍井龍北路福田宮

● 流沙河／彩繪／台中龍北路福田宮

名間鄉

集集鎮

精忠報國｜
南投竹山連興宮

4

水里鄉

鹿谷鄉

竹山鎮

4. 精忠報國｜南投竹山連興宮

● 紅砂陣／彩繪／竹山連興宮。劉昌洲師傅作品。
劉昌洲的父親劉福銀，他阿公是石庄老人劉沛。

6. 破缸救友｜台中霧峰七將軍廟

● 彭翁求壽／彩繪／台中霧峰七將軍廟

5. 朱仙鎮八槌大戰陸文龍｜台中市科博館（館藏萬福宮）

卞莊刺虎這個典故，出自《戰國策》，這是一則喻言故事。故事是說有個叫卞莊的人看到兩隻老虎，他想要逞匹夫之勇去殺虎，卻被人阻止了。那人告訴他，兩頭猛虎肚子都餓了，想要攻擊在旁邊的牛。不如等那兩虎爭牛互相殘殺之後，你再坐收漁翁之利，那時不就可以不費吹灰之力獲得牛和老虎了嗎？卞莊聽從人家的建議，果然有了豐盛的收穫。這個故事不常見於民間藝術殿堂，有幸能隨著木構作被保存下來，真是難能可貴。

● 卞莊刺虎／彩繪／台中科博館萬福宮舊材重組民間藝術館

和平區

仁愛鄉

埔里鎮

魚池鄉

信義鄉

臥冰求鯉 VS 哭竹生筍

延伸走讀

華人社會家庭倫理濃厚，總是要求身為子媳孝順父母公婆。民間又有一句話：「天下無不是的父母」來包容他們，不管父母脾性如何，要求子女媳婦不論如何都不能忤逆長輩。像這樣的故事作品在民間信仰的殿堂或家族宗廟，乃至陰宅都常常出現。

這對以臥冰求鯉和哭竹生筍互相呼應。有些人的父母在年紀漸漸衰老之後，智力和思考能力都不若中壯年時的清楚，冬天想吃春天才盛產的竹筍，冰天雪地時節又想要吃生鮮魚產。因此就留傳著「孝感動天」的神話故事。

● 臥冰求鯉／石雕／台中　● 哭竹生筍／石雕／台中
　豐原慈濟宮　　　　　　　豐原慈濟宮

楚漢三傑 VS 風塵三俠

同樣以「三」為題，一是西漢時的蕭何、張良、韓信稱為初漢三傑；對應著大唐傳奇，紅拂女、虬髯客和李靖的故事。兩邊都是英雄豪傑，也都有一番事業。只是蕭何、張良、韓信都是替別人賣命；但紅塵三俠卻比較有追求自我高度的視野；只不過「虎死留皮，人死留名」，這些身後事都由他人自去評論。

● 楚漢三傑／交趾陶／台中豐原慈濟宮

● 風塵三俠／交趾陶／台中豐原慈濟宮

彰化找
四愛四痴

和靖詠梅

　　林逋（967-1028年），字君復，他寫的詩和畫作影響後人極深。北宋杭州錢塘人，死後諡（在世的人依死者在世的行為所給的名字）「和靖先生」。後人對林逋這個名字反而不如他的諡熟悉。

　　林和靖從小父母早逝，一生都沒娶妻生子，個性孤高，不喜與平凡人交往。然而他的個性恬淡好古，只喜歡跟出家和尚交流清談。

　　視富貴如浮雲，不趨名利也沒去做官。就算家境赤貧，衣食難以溫飽，始終過得怡然自得。他的名氣很高，宋朝真宗趙恆聞名也禮敬他。幾次想要請他入朝為官，他都拒絕。

　　宋真宗敬仰他的高風亮節，曾主動出錢幫他蓋房子，並且讓地方官不時送錢粟給他；雖然不多，但也足夠林逋過活了。他家還有僮僕。

事說新語

　　和靖詠梅、和靖愛梅，常常出現在民宅和宮廟的裝飾裡面。和其他三種合成格套作品呈現，不管稱為四愛或四痴，裡面的主角都具有一定的品德讓人敬重學習；再則都是能書能文。雖然有的是一生清苦，但是仍堅持對品德的堅持，不隨波逐流。林逋，就是這樣的一位高雅隱士。

MAP 01

年輕遊於江、淮之間，後來返回杭州在西湖孤山隱居，房屋四周種三百多株梅花，養一隻白鶴和一頭梅花鹿。客人來訪時，僮兒會打開籠子放出白鶴，白鶴會在空中鳴叫，通知主人，林逋聽到鶴鳴就知道有客人上門。想要喝酒，就讓梅花鹿上市集買酒。人稱和靖梅妻、鶴子、鹿家人。

林和靖喜愛寫文章，可是寫完看一看就丟棄。

人家跟他說：「怎不留下傳給後人？」

他說：「我隱遁山林，且不想以詩文爭一時之名，更何況後世的虛名？」

但有人仍然悄悄的把他的詩稿暗中留了下來，我們才能欣賞將近一千年前詩人所寫下的好詩；有三百多首流傳後世。

大家比較熟悉的「疏影橫斜水清淺，暗香浮動月黃昏」，就是他的詠梅詩〈山園小梅〉其一。

地點：彰化員林地藏庵

作者：不詳

年代：不詳

藝類：剪黏

延伸賞析

幸好有寫上題目，點題的梅樹還開著梅花。不然從一面牆壁、一個打瞌睡的老人和一個雙手好像在拉重物的動作？實在讓人難以聯想作品的主題。

剪黏作品表現文人雅事，說得上是傳統思維了。在民間裝飾藝術的範圍裡，不管宮廟、祠堂、民宅、生活器物，都可能找到他們的行蹤。

標題　盛開的梅花　一旁童子　白鬚有氣質的老人

● 和靖詠梅／剪黏／彰化縣員林地藏庵

茂叔觀蓮

　　北宋的周敦頤，是宋明理學家，他研究古代的學說，著作《通書》（又名《易通書》）、《太極圖說》，首次把無極列入儒家理論，說「無極而太極」，「太極」一動一靜，產生陰陽萬物。「萬物生生而變化無窮焉，惟人也得其秀而最靈」。畫出無極生太極點的演化圖。

　　另外，周敦頤的散文〈愛蓮說〉世代相傳，台灣學子們在課堂上可能也讀過這篇名著。

　　〈愛蓮說〉裡，茂叔先生是這麼說的：「水陸草木之花，可愛者甚蕃（茂盛，繁音）；晉陶淵明獨愛菊。自李唐來，世人甚愛牡丹。予獨

事說新語

　　從老畫譜〈芥子園〉和人文典故中得知。古人賞蓮是倚靠在池邊亭裡或倚樹望著清風拂荷塘。詩意畫境的表現，更是拒絕把它摘下拿在手上把玩。周先生不是說「可遠觀而不可褻玩焉」嗎？

　　年輕時熱衷攝影，曾在荷塘中看見剛才綻放的荷花，已被人摘去數葉花瓣，僅露出還是嫩綠的蓮蓬；同行好友說那是被人強加摘去的。我問他怎麼會有愛花卻又傷花的人？他說：「有的人就是喜歡人工美，因為自然美常要等待，還得靠些天時地利人和。」他又說了，「有更叫人怨恨的事情；有些人自己拍到好花之後，怕他人也跟著拍去，於是親手毀掉美麗的景色，讓別人無法和他競爭。」

MAP 02

愛蓮之出淤泥而不染，濯清漣而不妖，中通外直，不蔓不枝，香遠益清，亭亭淨植，可遠觀而不可褻玩焉。予謂菊，花之隱逸者也；牡丹，花之富貴者也；蓮，花之君子者也。噫！菊之愛，陶後鮮有聞。蓮之愛，同予者何人？牡丹之愛，宜乎眾矣！」顯然傳統建築的匠師們，對於這些文人雅事也多少知道一些；雖然古早國民教育不很普及。一般來講，匠司的教育普遍不高，但從臨摹畫譜而來的可能性卻是存在的。

　　民間把梅、蓮、菊、竹（牡丹）叫做四季花。此外也有春牡丹、夏蓮、秋菊、冬茶來代表四季。每種植物都可配上一個歷史上的名人。蓮花就以周茂叔為代言人了。

地點：彰化埤頭路口厝福安宮
作者：不詳
年代：不詳
藝類：彩繪

延伸賞析

　　陳壽彝的名字差不多等同於傳統彩繪一辭。還留下他的作品的宮廟，按等級應該都有資格列入「古蹟名冊」，豐厚人們在地人的文化認同與自信了。

　　這件「茂叔觀蓮」在北港朝天宮，主人翁一派悠閒的側坐在蓮池邊，賞著盛開的荷花。頭頂上柳條迎風搖曳。讓人看圖之後，不禁暫時忘了盛夏的炎熱暑氣。

　　畫的構圖採對角安排。人物在右上，主題植物蓮花布左下，中間隔著欄杆。

　　人物筆觸與芥子園馬駘的畫譜很像，可是已有畫師自己的風格。荷葉的表現以水墨花卉表現。充分把墨分五色的美感，經由它展現出來。

　　陳壽彝筆下的人物五官長相，特別是這類帶有典故情境或戲劇情節的作品，真的讓人愛不釋手。就是有古典美。

周敦頤字茂叔

池中蓮花盛開

● 茂淑觀蓮／陳壽彝／彩繪／雲林北港朝天宮

淵明愛菊

陶淵明（365-427年），名潛，字元亮，自號五柳先生，私諡靖節先生。東晉潯陽柴桑人，名將陶侃（搬磚的那位先生）的曾孫。生於晉末，初仕恒玄勤王僚屬，後來看到恒玄篡晉，改投劉裕討伐恒玄的義軍幕府。不久看出劉裕並不是真心要恢復晉室江山，急流勇退以明哲保身，以〈歸去來辭〉明志，去彭澤令以避覆滅之禍。

陶潛開田園詩風先河。「採菊東籬下，悠然見南山」，是大家耳熟能詳的一句。

〈飲酒其五〉

結廬在人間，而無車馬喧。

問君何能爾？心遠地自偏。

事說新語

陶潛生不逢時，又生性孤高，不與人同流合汙，隱遁塵世。怎奈生活窘迫，連親戚都看不下去，替他推薦進入「公職單位」當個小差小吏，至少謀個一家溫飽。

然而看著所事恒玄強篡晉室司馬皇基，改投勤王的劉裕。偏偏劉裕也不是一個忠於朝廷的良臣。

要說他是一個有道德潔癖的人應不過分。苦守良知，註定要窮困過一生的悲苦人生。而他，只能用自己的筆，去把心中的理想社會描繪出來。〈桃花源記〉，或許就是他心裡想望的理想世界？就像菊花孤傲不群，寧自凋萎也不肯讓花瓣墜落塵埃。

MAP 03

採菊東籬下，悠然見南山。
山氣日夕佳，飛鳥相與還。
此中有真意，欲辯已忘言。

〈歸去來辭並序〉
……

歸去來兮，田園將蕪胡不歸？既自以心為形役，奚惆悵而獨悲？悟已往之不諫，知來者之可追；寔迷途其未遠，覺今是而昨非。舟遙遙以輕颺，風飄飄而吹衣。問征夫以前路，恨晨光之熹微。……

　　他數度歸隱，又為了生活數度出仕。到晚年竟淪落到需出門行乞方能渡日。六十二歲時，在貧病交迫中死去。

　　另一世人熟知的〈桃花源記〉也是他寫的。近代有人也挪用桃花源，創作了新的戲劇，名為《暗戀桃花源》。

地點：彰化南瑤宮
作者：不詳
年代：不詳
藝類：木雕

延伸賞析

　　木雕雀替（托木、插角）。常見左右互相呼應，有時也會呈現一套四件的情形（一般在龍虎門之間出現）。

　　這件作品以四愛裡面的陶淵明愛菊做為主題。主角陶靖節站在拱門內，童子把採到的菊花送給他？但又因為童子的手腳做出誇張的動

陶淵明　童子手中拿著菊花　隔斷空間的拱門　點題植物菊花

●淵明愛菊／木雕／彰化南瑤宮

作，另有一種好像拿到菊花之後轉身準備離開的樣子。在圓拱門外面又有一個童子，手往菊花伸去，頭卻往門內探看。形成陶淵明同時和兩個小童對話的意境。

　　景中的菊花比小孩張開手還大，這種情形屬於誇飾法。把主題強調出來，讓觀者一眼即知作品所要表達的意境。

　　人物採圓雕表現。菊花與松樹及門、亭，則以內枝外葉處理。這類托木常在垂直部位加飾螭虎淺雕，以增強構件的功能性，達到穩固棟架的輔助效果。修飾則以金枝玉葉化色和安金並用，給予美化並且保護木材。

唐明皇愛牡丹

　　李白解番書之後，唐明皇下詔光錄寺，日給上等佳釀，不拘任何職業，聽其到處遊覽、飲酒，唐明皇又不時召入內庭，與他一同賞花。

　　當時，宮中因為楊貴妃喜歡牡丹，各地進貢到皇宮討皇帝歡心～楊貴妃高興了，唐明皇就歡喜在心；就在皇宮裡頭栽種起來。有大紅、深紫、淡黃、淺紅、通白，各色各種都有，種在興慶池東畔沉香亭下。就像當時寵愛梅妃江采蘋的時候一樣。各地只要有好看的梅花，就會不遠千里的被送進宮裡。

　　如今，梅花被冷落了，牡丹一支獨秀。

　　貴妃還可吃到新鮮的荔枝。

　　有一年，時值清和之候，牡丹盛開，唐明皇命內侍設宴於亭中，同楊貴妃賞玩。

　　楊貴妃看了花說道：「此花乃花中之王，正值皇帝所賞。」

　　唐明皇笑著說：「花雖好，卻不會說話，不如妃子之解語花也。」

　　說笑間樂工李龜年帶著梨園子弟前來承應。

MAP 04

皇帝說道：「且住，今日對妃子賞名花，豈可再用舊樂耶！」

即命李龜年前去宣召李白進宮伴駕。李龜年拿了李學士的冠袍玉帶象笏，一同到市中尋找。找了好久，忽然聽到街上的一座酒樓上面，有人高聲狂歌道：「三杯通大道，一斗合自然，但得酒中趣，莫為醒者傳。」

內侍攙著李白來到唐明皇面前，皇帝看他已然醉倒，命御廚調製醒酒湯給他喝。還用袖子替李白擦去口水，等李白稍醒之後，命他以牡丹為題賦詩。

李白揮筆如龍遊，立時寫出三首「清平調」。

「雲想衣裳花想容」，喜歡文學詩詞的人，這句應該不太陌生。

延伸賞析

石雕，先素平處理之後再進行版面處理。以淺雕琢出線條與內框深度，修到平整為止。人物只有兩個，一個演皇帝，一個飾演太監（無鬚）。太監卑躬手拿著牡丹花枝。皇帝唐明皇方挺立，手指著牡丹花。主角是誇張放大的牡丹花很明顯。空間表現，只在唐明皇的四週略施幾筆，勾勒出山石和蘭葉示意，其他則留白沒再添筆。乾淨俐落簡單扼要。

唐明皇　　　牡丹花的花蕊明顯吐露　　　高力士

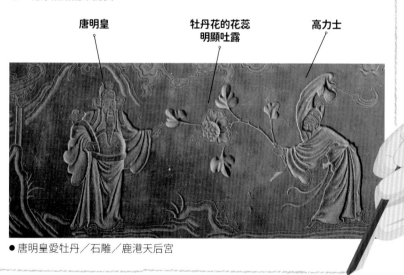

● 唐明皇愛牡丹／石雕／鹿港天后宮

地點：彰化鹿港天后宮
作者：不詳
年代：不詳
藝類：石雕

東坡玩硯

關鍵人物與故事

宋朝蘇軾，字子瞻，號東坡居士，除了是名多元的文人之外，還是名硯痴。

這位蘇大學士，只要聽哪裡有好的硯台就想要擁有它，只是東坡先生算是客氣的。

那個米芾（芾，讀福，字元章，後人又稱他米癲；米癲拜石），一次替皇帝宋徽宗（他也喜歡寫書法，瘦金體真跡，台北故宮還有收藏）寫字，親泌寶硯，知道是個好寶，字寫好了，跟皇上說：這方硯台被微臣用過了，不能再汙了皇上金枝玉葉，就送給臣帶回去。我會好好寶貝它的。說完也不管皇帝有沒有金口答應，顧不得硯台上的墨還沒洗淨，抱在懷裡就往自己家裡跑；但他為官很清廉，百姓都很敬愛他。

事說新語

東坡玩硯，偶而可以在宮廟裝飾的場域看到。蘇東坡名軾，字子瞻，號東坡居士，後人大都以蘇東坡稱呼他。他的故事充滿傳奇，一生官運不很亨通。但不管身在何處，總能坦然以對，還能做出福國利民的大事來。他的文學成就很高。〈赤壁賦〉（請見「赤壁夜遊」）留傳千古，描寫西湖之美的詩作，也是大家耳熟能詳的名作：「水光瀲灩晴方好，山色空濛雨亦奇。欲把西湖比西子，淡妝濃抹總相宜。」他也是「唐宋八大家」之一。這個在學時期，常被出題考過。

MAP 05

比起米芾，蘇大鬍子就顯得客氣含蓄多了。但他的名氣卻遠遠勝過米先生。

蘇東坡小時候有一天發現一塊淡綠色石頭，拿去試墨發現很好用，告訴父親蘇洵。父親跟他說這叫所謂的天硯，自然成型又好發墨，你能發現它表示你和它有緣，要好好認真讀書寫字哦。於是蘇洵又找人把這塊天然硯稍加研磨，製成一方硯台交給小小的蘇子瞻。

長大之後，蘇東坡更是愛硯成痴。哪裡有好的硯台，都會讓他心儀不已想要擁有它。只是咱們這位東坡居士，還沒到米元章那樣痴狂就是了。

東坡愛硯，歷朝都有畫家為它下過功夫。一直到清末民初任伯年、齊白石、傅抱石都畫過。民間裝飾藝術，匠師們也傳襲這個文化。因此，在台灣對它也就不陌生了。至於名稱上的使用，東坡得硯、玩硯、試硯都有人講。

地點：彰化埔心霖興宮

作者：江益睿

年代：1970年

藝類：剪黏

延伸賞析

縣定古蹟雲林四湖桂山章寶宮裡面，陳壽彝的作品。畫的右半部以室內景物為主，布幔處理了主人翁背後的屏風（或是牆面的大壁畫）、椅子、水仙花架。襯托出主人的人文水準和身分地位。東坡先生手捧一方硯台正細心觀賞。從外而進的小童又拿著另一疊石硯進來。把蘇東坡愛硯成痴的興趣表現出來。

屋外的竹子，也是烘托主人的。

標題有時會寫玩硯　　**捧著硯台的小童**　　**細品硯台的蘇東坡**

● 東坡玩硯／陳壽彝／1978年／彩繪／雲林四湖桂山章寶宮舊廟

義之愛鵝

關鍵人物與故事

　　王義之又稱王右軍。他二十歲時，太尉郗鑒派人到王家選女婿。當時的人講究門第。堂兄弟們聽說太尉要來王家選女婿，便紛紛打扮。只有王義之，什麼也不在乎，敞著肚皮躺在東廂的竹榻上吃燒餅。來人回去之後，把看到的情形稟報給郗太尉。太尉說：那個露肚皮的才是我想要的女婿。「東床快婿」、「袒腹東床」就是在講這段故事。

　　王義之還有個特別喜歡的嗜好，看鵝。曾寫〈黃庭經〉（《舊唐書》云〈道德經〉，舊作《聽台灣廟宇說故事》也寫為〈道德經〉，今另備〈黃庭經〉，留給喜好古典故事的讀者朋友做進一步的探討研究）向道士換取一群鵝回家。此外，王義之也碰過喜歡的鵝，卻被煮好了等候他的憾事。

　　李白曾為寫經換鵝一事留下作品，詩說：

右軍本清真，瀟灑出風塵，山陰遇羽客，愛此好鵝賓。
掃素寫道經，筆精妙入神，書罷籠鵝去，何曾別主人。

　　但另一則故事就顯得鄉土風味十足；會稽有一個老婆婆，養了一鵝很會鳴叫，王義之派人去跟他買，老婆婆不賣。王義之不死心，又找了親友去跟老婆婆套交情，然後再向老婆婆表明是王右軍喜歡那隻鵝。

MAP 06

　　老婆婆聽說王羲之要來家裡，很高興；她雖然老，但也聽過王大人的名聲。

　　王羲之到了老婆婆的家，拉長耳朵，卻一直沒聽到鵝的叫聲，可是又不好意思問人家。

　　過了不久，老婆婆把一盤肉端到桌上，請他慢用。

　　王羲之還在問那隻鵝怎麼一直沒出現。

　　老婆婆跟他說：大人，這就是那隻鵝啊。老身知道您喜歡吃鵝肉，想說您不像以前那些官員都不愛來我們這種田庄。您派來的人告訴老身，說：「大人您要那隻鵝，所以我就把牠宰來宴請您；只一隻鵝而已不成敬意，希望老爺您會喜歡。」

　　旁人看到大人兩眼流淚，無法講話的望著面前的鵝肉，忍不住嘆了一聲，「唉！鵝；我鳥。」

　　但也有人說：王羲之會那麼喜歡鵝，是因為養生。因為晉人多服五石散，據說鵝肉能解毒。

地點：彰化北斗奠安宮
作者：不詳
年代：2010年
藝類：彩繪

延伸賞析

王羲之
準備餵鵝的童子
美麗可愛的鵝
書冊可喻經書

● 王羲之愛鵝／潘麗水／1962年／彩繪／嘉義市仁武宮

　　潘麗水的壁畫作品。先以泥塑堆出頭型（前半部）和身體的肩腹（微微隆起而已，不是真的做到形狀出來），然後再由畫師勾筆上彩。王羲之手裡拿書卻望著觀眾（看他的人啦），童子手裡捧著飼料準備餵鵝。鵝抬頭看著主僕兩人；這隻鵝，是寫字者目前為止覺得畫得最像也是最好看一隻。沒有其他背景，一棵柳樹自中間斜出框外。灌木樹叢從柳樹週圍一直延伸到後面。讓人不禁想像，王羲之的家應該很大吧。這幅畫也讓人聯想，算不算是那古早人的生活寫真沙龍相片呢？

1. 和靖詠梅│彰化員林地藏庵

● 王羲之愛鵝／泥塑剪黏／
彰化員林地藏庵

3. 淵明愛菊│彰化南瑤宮

● 綠牡丹打擂台／交趾陶／彰化南瑤
宮。交趾陶作品，五官俊秀品相優
美造型典雅，保存良好值得細賞。

5. 東坡玩硯│彰化埔心霖興宮

● 張飛斷橋／泥塑剪黏／彰化埔心霖興宮

6. 義之愛鵝│彰化北斗奠安宮

● 葉公好龍／彩繪／彰化北斗奠安宮

線西鄉

A
鹿港鎮

4

唐明皇愛牡丹│
鹿港天后宮

水墨壁畫，黃天素的作品。雖然
歷經數十寒暑，仍然有著初成時
的完整模樣。在上方兩隻小小的
蝙蝠，又有福在眼前的吉意。

● 李鐵拐／壁畫／彰化鹿港天后宮

福興鎮

芳苑鎮

埔鹽鎮

● 紫氣東來／彩繪／彰化埔頭
路口厝福安宮

溪湖鎮

茂叔觀蓮│
彰化埔頭路口厝福安宮

2

二林鎮

竹塘鎮

坡頭鄉

　　民間裝飾典故的使用上，常見以格套形式出現，像是成語或套句，如風調雨順、祈求吉慶那樣成組依序排列。「忠孝廉節」就是一個常見的套作代表。

　　忠孝廉節，歷史上是誰先提起的？有人說是宋人文天祥，也有人說是朱熹？但以文天祥的題字比較受到歷代文史學者認同；在台灣民間信仰裝飾藝術圖案史典故的應用上，忠孝廉節常可看到。像武廟、宗祠家廟的牆上，多以蒼勁的書法直接書於粉牆上面。至於配上歷史名人風範集成套作的作品，以下列舉的例子比較多見。

和美鎮

彰化市

D

淵明愛菊｜
彰化南瑤宮

3

花壇鄉

秀水鄉

大村鄉

和靖詠梅｜
彰化員林地藏庵

B

5 員林市

東坡玩硯｜
彰化埔心霖興宮

C

埔心鄉

永靖鄉

田尾鄉

社頭鄉

羲之愛鵝｜
彰化北斗奧安宮

6

北斗鎮　　田中鎮

溪州鄉

二水鄉

A. 孔明夜進出師表｜彰化鹿港天后宮

中國惠安崇武蔣馨家族作品。孔明雙手捧著表章往皇宮前進，左右兩名童子提著紗燈領路。三人的表情都帶著一絲憂鬱的表情。忠於先帝劉備，卻偏偏遇到一個扶不起的阿斗，是不是匠師在鐵鎚敲下時心裡的感嘆呢？良工巧匠已逝，這個問題再也無人能答了。

●忠，出師表／石雕／彰化鹿港天后宮

B. 狄仁傑望雲思親｜彰化員林福寧宮

大唐中期，武周皇帝武則天的宰相狄仁傑，年輕書生的扮相，雙手拱起望向遠方白雲朝拜。背後一名小兵拿著一柄芭蕉扇，看似替他搧風？實則暗喻貴為一人之下、萬人之上的宰相狄仁傑，對父母的關懷卻無時無刻都在他心中掛念著。像忠孝兩則故事，有時也會只出現兩件（放在中軸線上重要的位置），形成左右對仗。

●孝，狄仁傑望雲思親／石雕／彰化員林福寧宮

C. 楊震卻金｜彰化埔心東天宮

昏暗的氣氛，實際上是作品被廟裡香火鼎盛燻的。清官楊震為天下蒼生舉薦有才華的人給朝廷。面對知恩圖報的王密，夜半扣門送來的謝禮，神情莊重的對他說出：此刻就有你、我、天、地四者皆知，怎說無人見知呢？讓王密羞愧的無地自容。自然的煙染成色，非但沒妨礙作品畫境的解讀，反倒把情境給襯得更有氣氛。

●廉，楊震說四知／彩繪／彰化埔心東天宮

D. 蘇武牧羊｜彰化市元清觀

彰化元清觀曾慘遭祝融，現今是依舊重建的古蹟。彩繪由陳穎派帶領兒子也是傳人陳敦仁與陳文俊兩兄弟一同完成。蘇武牧羊北海邊，被匈奴扣留十九年後才回到中土自己的國家大漢帝國。蘇武白髮白鬚，和羊群生活在冰天雪地裡。番兵打扮的人物，或可當成前去勸降的李陵。

●節，蘇武牧羊／彩繪／彰化市元清觀

雲林尋訪
吉瑞圖

董永皇都市
仙女送孩兒

　　董永家貧，父死無錢埋葬而賣身葬父，有善心的員外伸出援手幫忙，卻不要求董永償還。

　　董永表示：「這樣子說不過去，希望員外能當這錢是董永賣身三年的工錢，這樣才敢接受員外的義舉。」

　　員外看董永如此堅持，就跟他說：「如此也好。那麼就等孝子守孝三年期滿之後，再到家裡償還即可。」說完，員外命管家把錢送到董永家裡，讓孝子為父親辦理後事，讓亡父入土為安。

　　歲月如梭，董永守孝三年時間過得很快，孝子關上家門，準備到員外家裡做工抵債；玉帝最小的女兒七仙女，知道董永有孝心又守信用。自動到董永會經過的大槐樹下等他。她把自己變成一個無依無靠的少婦，說自己的家鄉遭逢大水，全村慘被洪水吞沒。家人的生死全然不知。希望找個人家，看是賣身為奴為婢都可以，只求渡個日子。還說她會織布，如果公子收留，也能替公子織布分擔一家重擔。

　　董永聽到女子悲苦自訴，憐惜的心油然而生；只是自己自身難保，卻又如何伸出援手？坦白跟少婦說起自己的困境。

　　「不是自己無情。實在是『卡胛膀背皇金，不敢替人看風水』」。

　　天仙女說：「公子孝心感動天地，不如公子把奴家當做妻子，然後一

MAP 01

地點：雲林大埤怡然開山大帝廟　作者：不詳　年代：不詳　藝類：玻璃剪黏

同到員外家裡。男耕女織，一起做工還錢。」

董永無法推辭，就帶著仙女一起到員外的家裡。並且把自己知道的經過全告訴員外，求員外連同妻子一起收留。

員外三年前本來就只為仁愛，憐惜孝子而濟助於他，沒想到董永真的守信前來。（看來是推託不掉了）就告訴董永，只要織好三百匹布，就可以抵過那些銀兩，回家。

天仙女本來就是天上的織女，織布在她來講是簡單的事。三百匹布一個多月就完成了。員外依約而行，讓董永帶著妻子回家去。

董永與妻子走到一個多月前，兩人相逢的那棵槐樹下時。妻子竟然流淚停步。董永奇怪的望著她。

天仙女說：「我不是凡人。吾乃玉帝之女，你的孝心感動天地。玉帝讓我下凡與你做七十四十九天的夫妻，今天，奴家得返回天庭。君回家中，『日裡田間勤稼穡，夜間燈下勤讀書。』務必勤讀聖賢，日後求取功名。待君金榜題名，狀元遊街路過皇都市時，便是你我夫妻重逢之日。奴去也！」

天仙女說完，腳底頓生雲霧，董永還沒反應過來，天仙女已經消失不見。

董永回家之後用功讀書，後來果然中狀元。皇帝賜他遊街三天，然後回家祭祖再回京等候派任。

當董永頭插金花，身騎駿馬。前後差役鳴鑼開道，左右隨身護衛，遊街到皇都市時，忽然聽到天上仙樂飄飄；天仙女下凡相見。然後把懷中嬰兒送給董永之後，又返回天庭。留下「董永皇都市，仙女送孩兒」的故事。

這個故事有多層的吉祥意義。先有小登科的「洞房花燭夜」，再有「金榜題名時」，然後有「天送麟兒」，之後還有「他鄉遇故知」的意思在裡面。其實在董永困頓無依時，員外施援，也是「久旱逢甘霖」的意思。因此這齣戲也可以說是人生四大喜事全都包括了。

騎馬遊街的狀元郎身後有娘傘，增其威儀榮耀。這個故事常見大小宮廟，做為吉祥畫使用。

富貴壽考
郭子儀七夕遇天孫

　　汾陽王郭子儀七夕遇天孫，「天孫」在這裡指織女。郭子儀年輕時就從軍在外，一次入京催糧經過銀州。時逢七夕（農曆七月初七，民間傳說牛郎和織女在這天相會），這日銀州地界，風砂漫漫天地無光，子儀一行無法前行，只好將就路旁的空屋留宿。

　　夜色來臨，子儀睡不著覺；起身四下查看。偶然抬頭，望向天空，透過破裂的屋頂，看見天空中出現微弱的光芒。光芒自縫隙中射進屋裡，子儀驚奇又再認真察看。矇矓間紅光滿室，空中一朵祥雲緩緩降落，裡面一群仕女執著宮燈提爐，正中一位宛如傳說中的瑤池仙子駕臨凡間，直是個端裝脫俗又美麗的仙子，讓人看了禁不住頓生敬意，雜念全息。

　　子儀心想，應是天上的仙女降臨吧？當下子儀跪在地上祈求說：「娘娘，今天是七月七日，想來是織女降臨，願天仙賜福子儀，富貴壽考。」

　　仙女笑答：「讓你大富貴亦壽考。」

　　說完，雲彩慢慢上升，子儀抬頭觀看，仙女也笑容可掬的望著他，直到雲霧一同消失。後來郭子儀果然立功累累，高官厚祿；唐代

MAP 02

地點：雲林西螺崇遠堂（整修後）

作者：柯煥章

年代：1938年前後

藝類：彩繪

宗大曆年間，郭子儀生了一場病，皇上派了御醫前往診治。郭子儀說自己還不到那個時候，他才把當年七夕遇天孫（仙女、織女）的事說出來。後來果然活到八、九十歲才壽終正寢。

其實，他還是開元年間的武狀元呢。另外，郭子儀也在李白受到牽連擬被問斬之時，以官位和自己的身家性命為他擔保，救了李白的命。

《月唐演義》說他是第三世的白虎星下凡，專門對付青龍神下凡的安祿山。《隋唐演義》裡面則說到，李白曾救過年輕時的郭子儀。

延伸賞析

對角線構圖，把凡人郭子儀安排在右下方，對左上方拱手作揖。天孫織女帶著隨侍的仙子分立左右。

凡人神情肅穆，五官氣宇軒昂。天仙們蛾眉細口，鼻直端莊。身上衣帶隨風飄揚，只是那風在三名仙子四週，卻是左右分揚。天孫織女的藍綠彩帶飛向子儀這邊過，是要表達：吾已賜下五福，剩下的要靠白虎星君你自己努力了！

祥雲滾滾，朵朵像如意紋般，從山崖一直伸至左上角，隱隱然把仙人自天邊而來，透露給觀者自去體會。子儀人馬所站位置，後有濃淡不一的小樹點綴，讓山上的平台有了具體的形勢。

「郭子儀七夕遇天孫」是這齣戲的另一個名字。

天孫織女娘娘　　祥雲朵朵　　郭子儀　　題名

● 富貴壽考／彩繪／雲林西螺崇遠堂

郭子儀大拜壽

拜壽

　　汾陽公郭子儀夫妻雙壽。諸子女兒陸續回府，準備向父母祝壽。六子郭曖看到兄嫂、弟媳、姐夫、妹丈，都相偕回到家中與雙親拜壽，自己卻孤身一人感到不自在。

　　壽宴之間，郭曖本來滴酒不沾，經兄弟勸酒，勉強喝了數杯。老令公看到郭曖臉有愧色，卻未加聲張。通席不提昇平公主未現之言。郭曖屢次開口欲向老父、老母說明，卻被雙親顧左右而言他脫開。

　　此時，文武群臣皆過府向壽翁、壽婆祝壽，連東宮太子也來向汾陽公賀壽。令公帶領諸子出府迎接。忙了半天，郭曖返回駙馬衙。

打碎宮燈

　　才踏至門口，卻看到昇平公主又掛起御賜紅燈。

　　這盞御賜紅燈是昇平公主下嫁郭曖之時，公主特別向父皇討來壯自己威風的。只要紅紗燈高掛如同皇上親臨，未經宣旨誰都不能冒然闖禁。否則便要視同違禁，要被受罰的。

　　平時，郭曖對這盞紅紗燈就很是厭惡。今天父母雙壽，公主稱自己身體違和不便與眾人雜處（有點自我隔離的樣子）。想想，自從與公主成親，每次回到自己府中都要先行君臣之禮，然後再敍夫妻禮儀。心裡老早也就不服氣了。今天，看眾兄弟姐妹都成雙成對與父母祝壽。只有自己孤身一人出現在高堂膝前，雖老父、老母為子體面不

MAP 03

講，心裡卻私下感到內疚與慚愧。

（某奴、某奴。底下的人私下怎麼議論？自己不是不知道。就連公主的丫環私底下也多有狗仗人勢，欺負他的奴僕隨從。）

「駙馬，你要幹什麼？御賜紅燈高掛，您不能進去。」

「我是駙馬，我回自己的房內見我妻子，怎麼不能進入？」

「紅燈高掛，駙馬爺請不要為難奴婢。」

「公公，將紅燈取下。」

「駙馬，沒公主的口喻，我不敢。」

「拿下來！」

「不行，不行。」

郭曖搶下紅燈踩在腳下，把一個宮燈打成碎片。內侍避去。

地點：雲林北港朝天宮
作者：不詳
年代：不詳
藝類：木雕

延伸賞析

香火越旺盛的宮廟，想要欣賞這些藝術珍品越難。想再進一步拍攝，又想拍得好，更難。

整座員光呈現深咖啡色，接下去可能會變成全黑。幸好香煙對白蟻有點相抗的功能（防蛀效果）。

兩邊是堵頭（垛頭），正中間是安排正廳，郭子儀和夫人端坐其上。有子婿晚輩正在對他們跪拜祝壽。再從左邊看起，從牌樓處有內侍擔任皇上的欽差，帶著賀禮前來賞賜給郭令公，要祝兩老福壽綿延，大富亦壽考。左右兩邊都有旗桿座，其中左邊那支還可清楚看到寫著（刻著）「汾陽王」三字。再過去則是郭府內院，有婦女和小孩在裡面活動。

郭府內院一景

旗桿座，左右各一，旗書「汾陽王」

汾陽府匾額，表示是郭子儀的家

牌樓上有「樂善」兩字，推測整句可能是「樂善好施」

皇帝的賞賜，由公公送到郭府

● 郭子儀大拜壽／木雕／北港朝天宮

一人或兩人拜壽，子儀與妻在上座

郭子儀大拜壽

郭曖打開房門看到昇平公主端座在堂。

「公主不是身體欠安，怎麼不在床上休息？」

「怎麼，我在這裡坐著不行嗎？」

「今天與眾家兄弟嫂媳向雙親拜壽，獨我孤身一人，多有慚愧。」

「駙馬，君是君臣是臣，哪有君與臣拜的道理？」

「東宮太子也來向令公祝壽了，公主此言不通。」

「郭曖，本宮可是金枝玉葉，怎能夠跟荊釵俗粉同處一室！郭曖，你可要想清楚了才講。」

「昇平公主，你真是欺人太甚！」

「郭仔曖，你給我聽明白了，汝郭家是我李家的臣子，如果不是我父皇，哪有你們一家榮華富貴？」

「公主，此言差了。想當時，安祿山、史思明造反，先帝玄宗遠避四川，若不是吾父子拚命剿寇，汝父怎有金鑾寶殿可坐？郭家的榮華富貴，是我郭家出生入死，南征北討掙來的，不是你李家的恩惠。是我父不要當皇帝；若想，哪輪得到汝父九五至尊？」

昇平公主咬牙切齒，硬壓性子從口中擠出：

「郭曖，你就不怕我把你這些話，向父皇告狀？」

「哼，我相信父皇是個明理的君王，不會聽你胡亂告狀。」

「不然我就向疼我的母后講，然後讓母后去跟父皇講，請他將你滿門、滿門，都收進天牢。」

「母后也不會聽你亂講，她若是會聽你濫告，我好有一比。」

「比什麼？」

「那就好比〈妲己敗紂王〉。」

「郭曖，你真是無法無天，我要進宮面告父皇、母后，把你滿門操斬。」

「不可，不可。」

「要告，要告，非告不可。」

郭曖拳頭捏到快爆了。公主見狀又說：

「你想要打我嗎？拳頭捏到快出汁。」

「打你又怎樣？！」

「你敢，你打啊，你打呀。我笑你郭曖不敢。」

就在雙方推擠之間，郭曖伸出手來賞了昇平公主一個鍋貼（巴掌）。

公主嚇傻了，久久才回魂過來，然後爆哭。而郭曖老早跑得無影無蹤。

後宮告狀

昇平公主回宮向皇上、母后告狀，淨挑自己有利的話講。皇帝聽過幾句之後，就弄清楚女兒的心思，不太搭理。公主又告皇后投訴。皇后也知這個掌上明珠的個性，愛理不理的。昇平公主見狀，心思一動，把原本不敢講的也講了。

「郭曖說：『父王這個江山是他郭家不要，才能輪到父皇。』您說這是不是大逆不道？」

「他沒說錯啊，當年安史之亂如果沒老令公平服，大唐，可能真的變成別人的了？確實郭家擁有半壁江山的功勞，他這麼說也是沒錯的啊。」

「父皇，難道你都不生氣？」

「有什麼好氣的，你莫名其妙的跑回娘家說一堆，我倒聽糊塗了。你到底想把郭家怎麼了？別忘了，你是郭家的媳婦哦。」

「郭曖不是入贅皇家嗎？」

「你這樣對郭曖講的？」

「是啊，兒臣有說錯嗎？」

皇上招手示意皇后，又指了指昇平公主。兩人點了點頭又會心一笑。

「既然這樣，就與老令公郭子儀無關了。來人。宣郭曖進殿。不，該喚李郭曖才對。宣朕的旨意，宣李郭曖入宮見駕。」

「父皇，你要拿郭曖怎樣？」

郭子儀大拜壽

「照你的意思，把他斬了啊。」

「父王，不可，不可，斬了郭曖，我就要守寡了啊！」

就在此時，郭子儀綁著郭曖入宮請罪。

綁子進宮請罪

「臣郭子儀叩頭請罪。」

「愛卿何罪之有？」

「逆子郭曖言語無狀，違逆皇家威嚴，請吾皇責罪。」

「皇兄，兒女閨房之言，莫輕聽。古人說：『不癡不聾，不作家翁』，咱們就別管他小倆口鬥嘴的事了。今天是郭皇兄壽誕佳期，賀客盈門，皇兄趕緊回府按奈佳賓，寡人再賜壽禮與皇兄添光彩。佳婿留下，朕有言相賜。」

郭子儀謝恩回府。皇上走下金階對著郭曖講話。

「賢婿，公主自幼嬌生慣養，委屈你了。宣我口喻，日後廢去先皇對公主的禮儀，「御賜宮燈」一概免了。並且加封吾婿官升三級。」

「日後兒臣見公主，不必先行君臣之禮，然後再行家禮。」

「然也。」

「如若公主再次刁蠻，換你來告御狀如何？」

「臣不敢。」

「夫妻本要相敬如賓，切莫以自為尊。」

「公主過來，朕與你母后為你倆講和。回去之後要好好相處，莫再生事讓我兩老替你們煩心了哦。」

子儀訓子

郭家宗祠，郭子儀端座在堂。郭曖跪在階下。兩旁坐著族親與子女晚輩人等。

「『國有國法，家有家規。』國法不責，家法不能不行。逆子知罪

否？」

「知罪。」

「既然知罪，自己說來。」

「不該怒打公主。」

「不止如此。」

「請父教訓。」

「幸吾皇未曾責罪，否則欺負皇家人，吾等豈有延族之機。再者，不論貴富貧賤，凡入吾家，就是一家人。豈可言語不合就拳腳相向。有什麼事用講的做不到嗎？妻子若有非理之處，身為丈夫者稍讓她一讓。你出拳，若不知輕重，稍一失手誤傷了她，如何面對伊之娘家。」

「兒知錯了。」

「再說，若因你二人細事之爭，搞到後面，可能變成兩家交惡。你想到後果沒有？」

「求父親原諒。」

「來人啊，家法侍候。」

郭曖平時與家奴僕人相處甚為和氣，大家又以為老令公只是在演場戲給公主看，替公主出氣而已，便高高舉起輕輕落下。

子儀見狀，走下台階從下人手中拿過家法竹杖，就從郭曖臀部打去。

「老夫就讓你知道，為人父母者有多疼小孩！」

郭曖被打得嗯哼不迭，卻不敢喊出口來。女眷人人掩目不忍觀看。昇平公主見狀，移動玉駕，跪在地上替夫求饒。

「公公，請饒了六郎這回吧。媳婦知錯了。」

「公主何錯之有，快快請起；來人，將逆子扶下去敷藥療傷。十日之後再為他受皇恩加官之禮，稟告列祖列宗，光耀皇恩浩盪。」

五老觀日

關於五老觀日的故事，民間對於他們的典故比較陌生；有說他們是中國歷史堯帝時代，堯帝率領眾人登上高處去看河川，視察祭壇時，看到五個白髮老者在林中觀賞一張河圖。

堯和他的臣子們感到好奇，停腳觀看，老者們好像沒注意身邊有人看著他們，自顧自的談論那張圖。

「這張河圖，將會告訴未來的帝王如何順應天時，如何思考，又如何謀略。將使未來的帝王受命於天德祥瑞的徵兆。」

事說新語

在一些老一點的宮廟裡面，五老觀日幾乎與五子奪盔（奪魁）形成吉瑞圖對應的基本形式。為什麼？坦白講，很難說得清楚。搜羅圖書館和網路資料，大都讚揚歷史或是傳說中五個賢良的老人，或觀朝陽旭日，或觀圖看瀑布等聞情雅事。民間百姓到底知不知道那麼遙遠的歷史典故其中的奧義？很難說。

但從日常生活當中觀察所得，老人家往往起得早。有的早起運動、散步、勞動。早起運動身體好，是口號，也是人們日常生活寫照。

有健康的身體，老來不愁衣食，生活能夠自理，不必依賴他人。其實才是真正的福氣。五老觀日？吾老觀日？也不叫我家的老人在看日。他們是早起看朝陽，看日出東山的活力。也是指日高升的雅意，手指著太陽不斷向上高升，豈不是指日高升之態嗎？

MAP 04

地點：雲林土庫順天宮

作者：陳天乞

年代：不詳

藝類：交趾陶

忽然間有一匹龍馬，嘴裡銜著一張白玉赤字的河圖，從河中跳上岸。龍馬高聲發出人言說：「重瞳子（雙瞳）的舜，能看懂此圖。」

就在同時，五老化成流星飛上天空。龍馬留下河圖又跳進河中消失。

堯帝和其他人看著龍馬留下的河圖，可是只有舜（按劇情推論，此時的舜已經被堯找到，並且已經讓他參與國政了。）看懂，於是堯帝就把天下禪讓給舜。

另一個典故，說是《後漢書》中記載，鄧彪字智伯，和宗武伯、翟教伯、陳綏伯、張弟伯號稱南陽五老，因為志同道合，時常在一塊談論經緯和琴棋書畫，後人稱他們是五位雅士。

另外《聞見錄》也有記載，宋仁宗至和年間，有杜祁公衍、王禮侍渙、畢農卿世長、兵部重貫、始平馮公。悠遊鄉梓，為睢陽五老。常聚會談論詩賦。

另有一說，說五老觀太極是周敦頤晚年退居家鄉濂溪時，和老友講解太極圖時的情景。

先不論典故由來，在民間常見五老一同出現的裝飾藝術，觀瀑、觀日、觀太極都有。

延伸賞析

主圖是低溫交趾陶，陳天乞的作品。人物安排右三左二。中間隔著山石柵欄和樹木。右方的老者在柵欄後方。第二位已經快追上前面的老翁，但是在此時卻又回頭觀望亭中那人。中間那人回頭望他，只看到他的後腦勺。前方（左邊兩位）已經走到山頂平台等候旭日東昇——朝陽。此時還不到時刻，但東邊已經出現紅色光芒。

五位老者，不論是臉型五官或鬚髮樣式，連全身服飾，幾乎都可在別地方，也是陳天乞所做的宮廟看到。曾親眼見過匠師借看的石膏模。那得先要把整好的土放進模子裡面成型之後，再用工具調整各種情緒表情。師傅無私分享，也讓我們在欣賞的時候，多些心領神會的神遊體悟。

五子奪魁

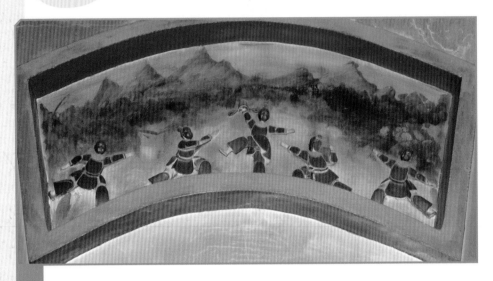

《三字經》説：「竇燕山，有義方。教五子，名俱揚。」竇燕山，本名竇禹鈞，後來改名燕山；中國歷史五代人。

家住薊州漁陽（現今天津市薊縣），古屬燕國，地處燕山一帶，因此後人稱他為竇燕山。

原本竇禹鈞做生意都大斗買進，小斗賣出。俗話講「大秤買入，小秤買出」。若是買賣公道，主顧雙方都歡喜甘願，那倒無話可

> **事說新語**　五子奪魁若和五老觀日一同出現，有龍虎對應的習慣。老人在龍邊，小孩在虎邊。五老觀日在龍邊就是看旭陽（早上初昇的太陽）。若在虎邊會看有看夕陽（黃昏即將西下的日頭）的意象。夕陽無限好，只是近黃昏。若放在虎尾，對老人家來說，不算好作品。再說老者為長，孩童為幼。長幼要有序，才能產生社會化的教育功能——倫理次序尊卑出來。這在早期古廟民宅常見這樣的安排。

MAP 05

説。偏偏竇禹鈞欺負客人不知，有欺瞞客人的嫌疑。雖然表面上看來還是和氣生財皆大歡喜。可是有一天竇禹鈞夜裡睡覺卻做了一個夢，他夢見已經死去的父親對他說：你大斗買進，小斗賣出的事情，上天老早就已經知道了，才會讓你一直生不出兒子。老父不忍心宗族命脈就斷送在你的手裡，特別託閻君告假回來警示你。希望你從今以後，公道做生意，看看能不能積點陰德，將功補過。然後替竇家生個兒子傳繼香火。

說完老父不見了。竇禹鈞醒來回想夢境仍十分清楚，把夢寫下來。並且痛改前非。

過了不久，他爸爸又來入夢，說他改頭換面的行善積德，上天接受你的懺悔，你將有五個兒子，而且日後都能成才。希望你能繼續保持下去。莫讓功德不見了。

竇燕山後來生養五個兒子都考中進士，成為國家棟梁。他的義風家法，成為人們爭相傚彷的榜樣。侍郎馮道賦詩一首稱讚道：「燕山竇十郎，教子以義方。靈椿一株老，仙桂五枝芳。」

五名童子搶奪一頂冠帽或帥盔。比喻五子奪魁，有時會以文字釋題，叫做五子登科。這也是吉祥圖的一種。

地點：雲林西螺鉢子寺
作者：吳彬
年代：不詳
藝類：玻璃剪黏

延伸賞析

主圖是玻璃剪黏作品。五個小童平均分布在圓弧形的地坡（也是邊框內沿）上面。

中間的小童一手高舉托著一頂官帽，其他四名做奔跑狀，伸手欲取。把「奪」字的意境表達出來。

背景的遠山，中景的樹森和草地，都以油彩處理。圓弧形的地平線變成魚眼效果，反而給平版的場景產生有趣變化。

百壽圖

　　奇人管輅，有一天在平原散步，看到在田裡工作的趙嚴印堂發黑，暗中幫他推卦卜算。知道他命中註定歲逢大限——三日後必死；可惜人長得好又孝順，努力勤勞卻不長命；管輅叫他趕快回家向父親說。

　　趙嚴的父親趙範知道之後，心想不能坐著等死；古代有姜子牙能替人延壽，難道我兒就沒那個福報嗎？

　　想到這層，趕忙叫兒子帶路，兩人一同去向管輅求救。

　　管輅告訴趙嚴：「也罷，念你父子善行無數，且施恩未曾望報。人說好人不長命？這次且破一次天機，好叫世人多行善事；你快回去備妥鹿脯酒料，到割麥的那塊田地的南方，有棵大桑樹下，樹下有天然的石桌石椅上，把酒肉在桌上擺好，然後到桑樹後面躲起來。」

　　「管先生，我們天天在那裡工作，那裡只有幾棵雜木，連柴夫都瞧不上眼，怎不知那裡有棵大桑樹，樹下還有石桌石椅可坐？」

　　「你儘管聽我的準無錯。」

　　「好，聽先生的話去做。再來呢？」

　　「等到有人到來，在那裡下棋，你再悄悄走出來。為他們斟上酒，喝完了就斟，直到那瓶酒都斟完才停下來。什麼話都不要說，只管跪著就好。」

　　父子回家，連忙出門採辦鹿脯酒肉，然後遵照管輅的話，由趙嚴帶著前往桑樹下，準備著心誠意懇擺上的酒食。

MAP 06

地點：雲林水林通天府

作者：陳壽彝畫稿

年代：1980年

藝類：石雕

　　果然不久之後，出現一黑一白的兩個長了鬍子的道人。兩人不知從哪裡變了一方棋盤，又不知打哪裡摸出黑白兩缽的棋子，就在那裡下起圍棋。（有的會演成象棋）攻守齊下。

　　也許兩人下棋餓了渴了。看到桌上的酒杯，杯中有酒。桌上還有鹿脯和幾樣配酒的小菜。

　　「這是誰的？有人在這裡嗎？」

　　兩人互問：

　　「可能是凡間人敬奉天地沒帶回去，打算給山裡的飛禽走獸吃，算是功德餐嗎？」

　　「既然無人所有，我們吃了也就不算偷了。乾，乾。」

　　兩人一邊下棋，一邊吃肉又喝酒。酒還會自己滿上，真是巧思。

　　酒倒完之後，趙嚴就跪在地上靜靜的不說一句話。

　　「你是誰？什麼時候來的？」北斗問

　　這時趙嚴想到管輅交代他，不能講話而繼續沉默。

　　「唉！剛才吃人酒肉，真的沒有人情嗎？」南斗於是對北斗說。

　　北邊黑髮黑鬚老者說：「文書已定。」

事說新語

為惡必殃，為惡不殃，祖上必有餘德，德盡必殃。
為善必昌，為善不昌，祖上必有餘殃，殃盡必昌。

　　　這是民間一些城隍爺廟裡常會出現的醒世楹聯。在這百壽圖裡，也看到這樣的精神。

　　按照戲曲的劇情，百壽圖還有替父母保定的玄妙之處（戲裡面說的）。也許吧，古時因為有戲曲（百壽圖也是子弟戲北管的曲目之一）的傳播，民間裝飾藝術中，這齣百壽圖還滿常出現在中軸線上明顯的地方，幾乎與八仙有著同等的地位。

　　廟裡幾乎是老人家娛樂休閒的範圍之內。凡農曆的初一十五日，各大寺廟總有著年長的善男信女去燒香拜拜。但所求的幾乎是求子孫平安順遂，鮮有求他們自己的。而這百壽圖，正可彌補這個空隙。

　　由此看來，民間傳統戲曲或裝飾藝術的圓滿，正由此表現出來。

南邊鶴髮童顏者回答：「借生死簿看看。」

然後自言自語說：生死簿上寫的，趙嚴前世作惡，今世注壽十九。真的沒辦法啊。

趙嚴聽到這裡，忘了管輅的叮嚀，連忙搶白說：

「仙人，請救我雙親的命吧。我死固然是前生為惡所註，但今生的父母卻是無辜的，兩老無我，肯定是活不下去的，遇望仙人救小兒一命吧。」

「怎麼辦呢？」

「吃人酒禮受人牙洗（吃人嘴軟，拿人手短），再說上天有好生之德，姑念其孝，添你一筆。」

「才一筆啊？」

「這個戇子，重用的一筆，強過無意的千萬劃啊。」

仙人拿出筆來，在十字勾了一劃說：「添你到九九；回去跟管輅說：『別亂洩天機』，不然對他不好。」

南北斗兩位星君又賜下各種人間福祿給趙嚴，然後又賜下「百壽圖」三字書法中堂，讓他回家掛起，讓百壽圖保定高堂（父母雙親古人稱為高堂，在這裡是南北星君賜百壽圖給趙嚴，替父母添壽的意思。）。交代完畢，騙趙嚴有仙人到，趙嚴望向星君所指方向，兩位就變成兩隻白鶴飛去。趙嚴拿著「百壽圖」跪在地上望空而拜。

趙嚴回家跟父母與管輅回報經過。管輅說那是南北斗兩位星君，南斗鬚白，北斗鬚黑。又叮嚀他父子說：「你們可要替我保守秘密。看來袦們已經知道是我洩露天機了。我也要回山隱遁起來，不管這人間閒事了。」說完管輅就離開了。

這是一件壁畫作品，已隨建物重建而消失在公眾場域。幸好有心人士請人使用專業技術取下異地保存。

在何方？我也不知道，也不會想去探查，畢竟那屬於私人財產。就像這件由朋友帶路去參觀拍攝的時候一樣，也是民間私人宗族的家廟，主人要不要開放外人進入？客人必須完全尊重。

個人有幸，有福氣留下幾張相片檔案，做為與人分享的素材，已是難得的福報。在心裡感謝當年帶我拜訪的幾位好友。

畫裡自中間位置橫空長出一棵松樹，好像一把雨傘似的，把人全保護住了。人物安排在左下方，包括石桌、石椅，連同少年的求壽者也在裡面。

遠山以淡淡的墨水輕染，看似無物卻能與水色的一片白，分得清清楚楚。像剛被洗滌塵埃的山光水色，益發令人感覺神清氣爽。至於松樹的葉子，只能說像人剛洗完澡般的頭髮（應該是淋浴的結果），正享受著清風的吹拂，慢慢的乾爽舒服。

北斗星君黑鬚仙人　　南斗星君白髮仙人　　趙嚴少年家

● 百壽圖／陳玉峰／1953 年／彩繪／台南

戲看雲林吉瑞圖
MAP

1. 董永皇都市 | 雲林大埤怡然大伯爺廟

● 白安福作小偷／泥塑剪黏／雲林大埤怡然大伯爺廟

2. 富貴壽考 | 雲林西螺崇遠堂

民間故事「掘地見母」前段，鄭莊公和母親感情不好，在潁考叔的智慧幫忙之下，終於讓他們母子解開心結，言歸於好。

● 含肉遺母／柯煥章／彩繪／雲林西螺崇遠堂

3. 郭子儀大拜壽 | 雲林北港朝天宮

● 比干剔心／陳玉峰／彩繪／雲林北港朝天宮

5. 五子奪魁 | 雲林西螺鉢子寺

● 轅門斬子／吳彬／剪黏／雲林西螺鉢子寺

崙背鄉

麥寮鄉

褒忠鄉

台西鄉

東勢鄉

五老觀日｜
土庫順天宮

元長鄉

四湖鄉

北港鎮

郭子儀大拜壽｜
雲林北港朝天宮

3

水林鄉

口湖鄉

五子奪魁｜
雲林西螺鉢子寺 **5**

二崙鄉　　西螺鎮

富貴壽考｜
雲林西螺崇遠堂 **2**

虎尾鎮　　莿桐鄉

董永皇都市｜
雲林大埤怡然大伯爺廟

斗六市

4

土庫鎮

4. 五老觀日｜雲林土庫順天宮

古詩：「鳶飛月窟地，魚躍海中天。」
從完成至今已百多年了。據老前輩石耀
棋在世時所說，書寫的工具係以稻草尾
紮成筆狀沾墨寫的。

● 縣定古蹟土庫順天宮正殿／書法／馬龍瑞梅峰

6. 百壽圖｜雲林水林通天府

● 易水寒（又名易水送別）／彩繪／雲林水林通天府

老子過關 VS 尉遲恭父子對鞭　<small>延伸走讀</small>

　　老子過關也叫紫氣東來，在門上以泥塑
扇形做出花框，中間以交趾陶表現主題。老
子過關對應父子相認，兩相呼應即有紫氣東
來（意即好事將近）。然後以尉遲恭與兒子尉
遲寶琳在戰場上以鞭相戰，兩人平分秋色各
自回營。寶琳向母親說出遇上一個也是用鞭
的黑臉大將，他母親才把過去的事情講出
來。父子夫妻一家終於團圓。喜劇收場。

大埤鄉

1

● 老子過關／交趾陶／雲林北港朝天宮

● 父子對鞭／交趾陶／雲林北港朝天宮

四季文化雅事一套

　　民間戲曲偶而會唸出的詩句。「春遊芳草
地，夏賞綠荷池，秋飲黃花酒，冬吟白雪
詩。」
　　這首詩是北宋神童汪洙所作。
　　兩枝員光，一邊刻著文人遊春踏和浮舟
賞荷的情形。秋天，正是登高賞菊、喝菊花
酒的季節。冬天白雪紛飛，文人相約聚會一
同溫壺酒，大家吟詩驅寒最為適意不過了。

● 秋菊冬雪／木雕員光／雲林北港朝天宮

古坑鄉

● 春草夏蓮／木雕員光／雲林北港朝天宮

民間故事
在嘉義

三娘教子

　　王春娥被主人薛廣收做三房（後稱三娘）。薛廣出外營生，不料被人誤傳死訊。薛保出門去，準備把主人屍體運回家中料理後事；大娘、二娘趁薛保前腳一出，後腳就把薛家的家產賣掉，丟下兒子薛倚（倚哥）給三娘扶養，兩人自去嫁人。

　　三娘被老管家接到自己農家小屋居住。兩個大人一個紡絲織絹，一個織打草鞋，忍飢挨餓，省下錢銀，把倚哥送去學堂攻讀聖賢。一心只望他日後能功名得第，光耀薛家門楣。

　　一日倚哥在學堂與同窗爭吵。倚哥利牙罵贏同學，同學不干示弱反唇相譏，說他是沒教養又沒爹沒娘的野孩子。倚哥回嘴說自己的爹是出外經商，怎會是個沒爹的小孩？又說自己的娘親就在家裡紡紗織布，怎會沒娘？

　　同窗回說：「你家裡的叫三娘，你親生的娘不要你，把你丟下自去嫁人了。你還不知死活敢跟我們鬥口。」倚哥氣的書讀不下，利用先生休息，跑回家裡。

　　三娘正在織布機前忙著，老管家薛保賣完草鞋回到家裡，看主母在織布房裡忙著，自己轉到後面準備炊煮。

　　倚哥回到門口往織布房裡探頭，恰巧跟三娘四目相接。三娘把倚哥叫到跟前問道：「今天怎麼那麼早放學啊？書唸的怎麼樣了？」

MAP 01

「老師今天累了，提早放學；我書都唸好了。」

「哦，都唸好了哦，那就暗唸給三娘聽聽吧。」

倚哥愛唸不唸的，又故意學三娘的口講話，把三娘惹出火來。

（這小孩今天反常。但這麼大的孩子，不教他個分寸，日後怕要不知禮節分寸。）想到這層，板起臉來抄起家法（棍子），命倚哥跪在地上。

「知錯否？」

「知錯否？」

「還學話，這麼不受教。跪下，手伸出來。」

「還學話，這麼不受教。跪下，手伸出來。」

三娘強按倚哥跪下，揮起家法作勢打人。

「這麼打，打死了最好。別人的兒子打不疼。要打不會自己生幾個去打？」

三娘手停下來，楞楞的看著倚哥，氣的說不出話來。

管家薛保從後面轉出來，看到倚哥跪在地上，三娘坐在織布機面無表情；看不出來是怒，是悲。

「小東主，你是怎麼惹你母親生氣的啊？」

「她不是我母親，如果是我的母親，怎麼捨得打兒子？」

倚哥生著悶氣不理薛保，薛保走近倚哥，倚哥用力推了薛保一把說：

「我的事不要你這老奴才管，走開啦！」

薛保被推跌坐地上。

三娘看到倚哥竟然連薛保老管家也不放在眼裡，抄起家法走近倚哥。

「這麼頑劣！幼時不教，難道要放你長大做出大惡的事嗎？跪下。」

（薛保跪在倚哥前面，做勢保護小主人。）

「主母，要打打我好了。小孩不懂事，要慢慢教，慢慢教啊。」

地點：嘉義鹿草中寮安溪城隍廟

作者：不詳

年代：不詳

藝類：木雕

三娘教子

三娘怒氣難抑，望著薛保和倚哥。

「莫不是三娘也想去嫁人，不願管顧薛家遺孤老小了？」

三娘聽到這句話，臉色鐵青丟下家法，轉身走到織布機前，拿起一把利剪，往半成的布匹，刷的一聲，剪斷。

「我原指望學那《雪梅教子》教個商輅成才終身有靠，沒想到，沒想到，沒想到，沒想到無人識我心腸；這匹將成的布，只待一時半日就可織就而成，誰知它半途逢 ，從此無法供人所用。罷了！如今，倚哥要荒要廢都與我無關。從今天起，我只管你們主僕吃穿，其他的事，一概與奴無關。」

薛保聽完三娘這麼說，也慌了。趕忙轉向倚哥說：

「小東主啊。她，的確不是你的親生母親。可是你想過沒有？你的親生母親，和你大娘賣掉家產，拿著銀兩 下你，自去改嫁。如果不是你三娘不離不棄，挑起重擔，忍飢挨寒紡紗織絹，賺取錢銀補貼家用，光靠我織那幾隻草鞋，能賣幾文錢？怎夠你我花用，她為了你的前程，送你去上學？她這麼做，難道比不過你生身的親娘嗎？」

倚哥氣消了，不再嘟著一臉的腮幫子；三娘掉下淚來，不作聲的坐在一旁。

「這，那，我該怎麼做？我母親才不會生氣？老晏公，您教教我啦！」

「小東主，既然你已知錯，就該請你母親好好教訓你。來，你雙手捧著家法，去求你娘教訓。」

「我不會講，你教我啦。」

「來，你跟你母親說：『母親，如今倚兒只有娘親照護，我們母子倆相依為命，我離不開你，你離不開我，就像母捨不得子，子離不得母。是兒不懂事，求母親教訓兒子。』」

「老晏公，我記不得那麼多啦，能不能少一點？」

「你就說：兒錯了，請母親教訓；請母親高高舉起，輕輕落下。打在兒身，痛在娘心。」

倚哥雙手高捧家法，膝行來到三娘面前：

「媽，是兒不曉想，不知母親的苦心。如今倚兒只有娘親可以依靠，求母親好好教示這個不孝的兒子。」

「兒啊，你，這話是你自己想的？還是別人教你的？」

「是晏公教的……不！是我自己想的，請母親好好教訓不孝的倚哥。」

「挨打是會疼的，你不怕？」

「怕；但是，兒不能沒娘，再疼，我也忍得。」

三娘見倚哥認錯，心也軟了。母子倆終於和好。三娘鼓勵倚哥好好用功讀書，力求上進；日後父子雙雙功名得第，同為三娘向皇上討得封誥。戲名：雙官誥。

延 伸 賞 析

後母與前人子的相處管教問題，自古以來就是個難題。太嚴，人家說後母荼毒前人子。太鬆，怕小孩不知社會禮儀，長大以後若自己會想，還沒什麼問題。就怕他嬌生慣養，日後做出大錯，反而害了他的一生。

而身為父母者，也不見得個個都是明理有遠見的家長。這不管是對待親生，或另一半與前妻、前夫所生的子女都一樣。

這齣戲，要寫到和民間裝飾作品的圖意，以個人對文字把握的能力來講，倍感因難。因為老奴是護著小主人的。三娘生氣打罵小孩？老晏公的態度，變得難以拿捏分寸。要護主，會傷主母的心。要讓？則小孩無人勸導。因此在寫這一段的時候，我讓劇情有了些迴轉，好把老奴護主的情境表現出來，然後再讓三娘斷機杼。

老管家薛保　　　　薛倚（倚哥）　　家法棍子　　三娘

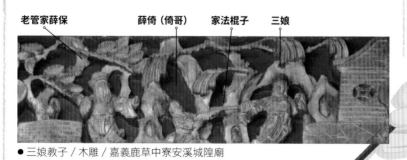

●三娘教子／木雕／嘉義鹿草中寮安溪城隍廟

代父從軍

木蘭女可能不是漢人？

木蘭詩，木蘭辭；據傳是魏晉南北朝北方民族的民間歌謠。說的是一名女子代父從軍的故事。主要闡述的宗旨，從流傳下來的作品來講，在說男女不平等的問題。當然，我們合理懷疑，最初的木蘭辭（詩），可能不完全是以漢人社會中的男尊女卑在講女子從軍這件事。但流傳到中國明末清初時，地方戲劇把這個故事，重新賦于新的角度，將歷史事件套到女子代父從軍這件事情。而有了三寸金蓮的木蘭女喬裝男子代父從軍這個故事，在各地不同語言的地方流傳下來。

可汗點兵中的可汗，比較具有說服力的說法，係指北方遊牧民族的大首領，如單于一樣的身分，特有的稱謂；有點類似中國歷史中的各國君王。

在這樣的時代背景，木蘭父親所侍的國君可汗，因國際局勢面臨異國聯合作戰（聯盟），必需重整旗鼓，召募兵士保家衛國。所以向國內有軍籍家庭，發出召集令，命男丁應召入伍，而有「可汗大點兵」的事情發生。

若以《隋唐演義》所提到的，時李淵已自立為王，開始向統一全國大業邁進，派出軍隊進行征剿占據各地的反王勢力。

MAP 02

地點：嘉義慈濟宮

作者：陳壽彝

年代：1968年

藝類：半浮雕漆壁畫

時劉武周想要結合突厥與李淵抗衡。突厥曷娑那可汗向他的百姓發出徵兵令。

木蘭女的父親，年老體衰無力應召入伍。木蘭為了孝順父母，女扮男裝代父從軍。木蘭跟著軍隊四處作戰。

木蘭從軍

突厥大軍打敗中原的劉武周和宋金剛，曷娑那可汗用計，殺了兩人並把他們的首級砍下來送給李淵的兒子李世民（李淵稱王，但作戰主力是李世民）。

曷娑那可汗殺了劉武周、宋金剛，拔寨要往河南進發。因為看到女扮男裝的木蘭相貌魁偉，做人伶俐，升他做後隊馬軍頭領。

幾千人馬到縹緲山前，忽然間被一隊軍馬衝殺。兩邊的主將，突厥是曷娑那可汗；另一邊是夏王竇建德底下的范願。因為

事說新語

這個故事曾編入九年國民義務教育教材裡面。當時做學生的我，只看做女生（代父從軍）的機智和勇氣，並不去思考裡面的歷史背景。一直以為木蘭是為所謂「道統的中華民族」犧牲奉獻（以為她是漢族女孩）。

十年前，介紹這個民間裝飾故事作品的時候，也是以這個觀點在介紹它。但經過十年，那些封建時代的社會裡頭，君王只有一個；有著「天無二日民無二君」；「一山豈容二虎」；「有了蔣公，怎麼可以容毛賊存在」的觀念（教育成功），一件一件被發生在現實生活當中的國際新聞打破。

自由民主的社會，豈容再唱如上愚忠愚孝的故事歌謠？

於是重新搜尋前人留下的古典小說，發現木蘭也敢勇於珍惜生命，投降線娘公主。（在過去，都被強調想做忠臣，主將一定要在敗陣被俘之後，力拒不降，才叫忠於國家，忠於君王。）只不過，到了突厥曷娑那可汗要召她入宮一事，她就沒逃過死關了。但他的妹妹又蘭，卻替姐姐木蘭有了如此一問：萬一可汗再來宣召自己入宮，難道自己也要步上姐姐的後塵自殺嗎？（因篇幅有限，這節故事未在本文介紹，在此敬知週悉。）

言語衝突開殺了。曷娑那可汗身陷險境，被木蘭救回本營；木蘭再回戰場與范願軍隊廝殺。木蘭叫本隊軍兵，把背上的穿雲炮齊齊放起，范願軍隊被炮打跑，退去。木蘭領兵追趕，沒想到忽然間遇到一隊娘子軍殺出。

這批娘子軍經特殊訓練，兩軍作戰之間，專砍敵軍馬腳。馬被砍傷了腳，就把人往地上摔，娘子軍背後立刻有夏兵撓鉤套索，將人拖去綑綁起來，木蘭也在這次被擒。

木蘭降夏

幸好長相俊俏英姿颯爽，吸引娘子軍主將線娘的注意，竟然招降了木蘭，兩人深談之後，木蘭表明自己女身的身分，又把代父從軍的事說了一遍，引起線娘的憐惜，兩人結為異姓姐妹。

原來那線娘居然是夏王竇建德的女兒；因到西嶽華山進香，回程遇到突厥兵，於是有了這段緣分。

木蘭卻降了線娘，後面就一直跟夏王竇建德的女兒。等到李世民打敗夏王，準備把他斬首示眾，木蘭跟著線娘，口中咬刀，前去向李世民請求要代父一死，換取竇建德免死。

李世民把二女救父的事情，對後宮的皇后說起，皇后憐惜二女孝義之心，一收線娘為姪女並致贈嫁妝給她，二贈木蘭金銀財寶；放兩女回去樂壽。

經過一段時間，木蘭牽掛父母，要告辭回家。線娘本是不捨，但又敬佩木蘭孝心，派了兩名寡婦女兵金鈴和吳美娘，護送木蘭回去家鄉。

木蘭返鄉

　　木蘭回到家鄉找不到父母，問了鄉人才知道父親已死，母親帶著姐弟已經改嫁。木蘭找到母親，一家團圓。又到父親的墳前哭了一陣。才回到家，就接到曷娑那可汗感念她的孝行要召她入宮。（並沒有因為她投降敵人，又要去替敵人求情而生氣？）

　　木蘭不想入宮失去自由，決心一死。她騙來人說，得去亡父墳前祭拜之後，才要跟他們回宮。突厥兵在遠處等待木蘭祭拜完畢之後就要啟程，誰知道等了半天，不見木蘭身影，向墳塚走近一看，才看到木蘭已經自刎死去。木蘭代父從軍到此告一段落。（據《隋唐演義》精減）

馬僮與馬　　**標題與落款**　　　　**花木蘭**　　　**木蘭的父母**

陳壽彝的作品。頭身部位先經泥塑堆出、浮出壁面處理，然後再由畫師墨線勾勒。背景草茅淡墨表現。前框的松樹及樹幹紋路，以濃墨皴擦明暗。

　　粉彩的綠意搭配墨綠，染出松針和圖右下方的小樹雜草。花木蘭的雙親在門口目送女扮男裝的木蘭從軍。木蘭與馬夫分立駿馬兩側，在畫面左下方。

　　整體而言，屬於對角構圖。

●代父從軍／彩繪／嘉義慈濟宮

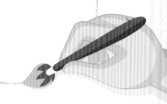

白兔記・井邊會

劉咬臍追兔

因為連續幾天下雪，英雄少年劉咬臍無法出門練武跑馬，全身的筋骨都快悶壞了。這天醒來看到雪停霜退，想要出門打獵，稟過父親之後，帶著兩名家人出門往南山打獵。三人找了半天，才看到一隻白兔出現。咬臍搭箭射中白兔肩胛，白兔負傷逃走。咬臍隨後追趕，可是不論他怎麼追，馬頭跟白兔都只差兩三尺，明明在目前，卻怎麼追都追不到。

咬臍三人追了三天三夜（誇張手法），追到一片瓜園，咬臍看到白兔鑽進茂密的瓜葉裡去，下馬尋找卻找不到。正當咬臍抬頭伸頸，仰望天際嘆氣之時，眼尾斜光閃過一屢白色光影。

「白兔，莫走！」

咬臍緊跟在後追著，幾個跳躍起落之間，來到一口七角古井。兔子不見，那支箭出現在井邊的水桶裡。

MAP 03

（太白金仙化成白兔，引咬臍來與三娘相會。白兔消失，神仙出現在天頂，看伊母子會面，任務完成回天庭去了。）

咬臍看那水桶長得也怪奇，底部居然是尖的。雖說水桶立在井垣尚可站立不倒，但咬臍想到，那樣的水桶裝上水後一旦挑起，半途若想休息，除非剛好有可倚靠的東西，不然根本無法平放在地，讓人可以好好休息？

三娘井邊相會

正當咬臍苦思不解的時候，一個婦人從井的另一側站起來，把咬臍嚇了一跳。咬臍看到婦人，忘了要問白兔的下落，反而問起那擔水桶的形狀，為什麼長得那麼奇怪？

那個婦人看到眼前出現的小將軍，一下子想不起來好像在哪裡見過。只覺得很面熟，卻又想不起來。咬臍也有相同的感覺。

咬臍：「水桶為什麼是底部是尖的，這樣子裝了水之後，一旦挑起來走路，半路累了，怎麼放下來休息？」

三娘聽咬臍問起水桶的樣子，回說：「看來你不是我們這裡的人，不然你應該會知道這擔水桶的故事。」

〈白兔記〉主角咬臍郎的爸爸劉智遠（一說知遠）不是中原人。他先後兩次入贅做人家的姑爺，第一次妻子懷孕，但他還沒等到兒子出生就從軍去了。日後妻子三娘生下兒子劉咬臍。第二次，被上頭的將軍，納為女婿，也是入贅。

劉智遠他還是個殘忍奸詐又多疑的皇帝……（後漢壽命也不長，兩任皇帝才四年就滅亡了。）但百姓不管這個，只要是堅忍節操，能挨過苦難的貞節烈女，都能安慰激勵正在受苦的人心？

反正看戲的觀眾沒興趣去探究歷史。只要劇中人能引動共鳴，感動人心就好了。其他的一概，不重要。

然而，在今天的台灣社會，遙遠的原鄉唐山歷史戲劇，已經不能說服新移民社會的民心，可是在地的歷史傳奇故事共識，還沒建立起來足可安撫人心；舊的學不來，新的待建立？在這徬徨的接點之間，極需建立出一套既可安定人心，又可構建在地文化自覺的架構。讓後人能夠建置一個不失宏觀，又不失文化尊嚴的在地歷史與文化的新氣象來。

咬臍：「這是什麼地方？」

三娘：「這裡是徐州沙陀庄，你是哪裡來的外鄉人？來這裡要做什麼？」

咬臍：「我住邠州為了追白兔才到這裡來。請問阿婆可曾看見白兔的蹤跡？」

三娘：「邠州（音文言讀陳州）離這數百里，行路也著個外月。敢是少年無正經，戲弄軟弱我一身。」

三娘對咬臍講起，因為丈夫出外投軍一去不回，兄嫂逼我改嫁，我守三從四德不肯答應。兄嫂要我白天挑水，晚上磨麥換飯吃，對我是百般欺凌，一天才吃他們一頓酸糜，還不時被惡毒大嫂打罵折磨，真是生不如死。

咬臍問起三娘：「你丈夫去哪裡了，難道您都不知道嗎？」

三娘又說起磨房生子，大嫂殘忍欲把兒子丟到蓮花池中淹死。幸好遇到隔壁竇伯，暗中抱著我兒去躲。沒想到一去十幾年，音訊全無。

咬臍聽到邠州地名，心裡懷疑，那不是我爹所管轄的地方？眼前這個婦人，難不成是我的親人？可是我的母親好好的在那裡，這裡怎會再有一個親娘？心裡暗自驚疑，卻又不敢相認，恐怕徒惹閒事。咬臍想完才對三娘講，「我父親在那裡當節度使，你丈夫如果也在那裡，我想要找人不難。不如你寫信，我替你送去給你丈夫，若你有福氣，找到你的丈夫，讓您們一家團圓。」

三娘一時間找不到紙筆，只好扯下裙子一片布，咬破指頭寫血書。血書寫完交給眼前這個小將軍。小將軍告別三娘，帶著兩名護衛啟程趕回邠州。

三人走了一個月又三天才回到家裡。父親劉智遠看到兒子失蹤一個多月回來，又驚又喜。連忙問起兒子這一個多月到底發生了什麼事情？

咬臍把追白兔遇到三娘的事情告訴父親，又把血書拿給他。

智遠看到血書，又悔又喜。派人去把三娘接過來享受榮華富貴，一家團圓。

木雕員光。劉咬臍在正中間做勢射箭，他的面前一口井，井邊有水桶，小旦、白兔串成這場戲的主題。山石、樹木、地坡、假山，各安其所。右邊兩名隨從填補空間，同時也讓主人翁的身分展現出來。小旦李三娘和主角咬臍郎中間，一名手拿鋼叉的小兵向三娘張手，好像在質問：白兔去哪裡了？點出咬臍郎因為追逐白兔才讓母子相會的緣由。

三娘　　　　張手小兵　　　咬臍郎

●白兔記／木雕／嘉義市仁武宮

白兔　　　水桶　　　古井

盜仙草

　　白蛇精為了報答許仙前世救命之恩，化成人身取名白素貞，下凡嫁給這世的許仙為妻。因為妖精不知人世間的法律和秩序，本來要幫忙許仙的行為，反害許仙代她受罪；像偷盜官府庫銀來給許仙，害他被判充軍等事。許仙因此而對白素　感到害怕；加上人和妖怪相戀也違反天條。許仙受法海禪師指點，在端午節弄了雄黃酒給白素真喝，想逼白娘娘再現原形。法海本意是要許仙自己看見白素貞的原形，讓他覺醒。

　　白素貞仗著法力高強喝下「雄黃酒」，變回原形嚇死許仙。等法力恢復，變回人形之後，才發現許仙已經被自己嚇死。白娘娘為了救

事說新語

　　這齣〈白蛇傳〉經過戲劇的傳播，深受民間喜愛。從西湖借傘到水漫金山寺，幾乎老少耳熟能詳。只不過這是過去的事。近二十年來，新興科技的網路盛行，傳統的老戲劇，年輕一輩不再像以前那樣熱衷。幸好知名歌仔戲劇團明華園超炫演出，多少還有些新的年輕觀眾知道這個故事。

　　這齣〈白娘娘盜仙草〉常見和〈太乙真人收石磯娘娘〉一起出現在宮廟的民間裝飾作品之間。裡面都以女生為主角。差別在一個為救人，一個要報仇。一個死一個生，兩個故事一同出現。

MAP 04

夫，四處尋找海外的神仙幫忙；神仙告訴她，要崑崙山的靈芝仙草，才能讓許仙起死回生；可是那裡禁止妖怪進入，而且還有天兵神將守著，妳要去，得特別小心。

　　白娘娘駕起彩雲往崑崙山；崑崙山上，南極仙翁命鶴童鹿童守護靈芝仙草。白素貞在山上找了一圈，於懸崖邊發現靈芝仙草，才要伸手摘取，兩名童子仗劍驅趕白娘娘。雙方打了一陣，最後南極仙翁出現，南極仙翁憐他身懷文曲星君（日後生了許夢蛟，高中狀元），所以命二童退下，將靈芝仙草給了白娘娘拿回去救許仙。

地點：嘉義鹿草龍湖宮

作者：不詳

年代：不詳

藝類：彩繪

延伸賞析

　　名為取，實為盜。畫中右邊，先是白素真已經拿到靈芝仙草準備離開崑崙山。而遠方的小山，表示她所在位置已經是平地邊緣，再一步就可使用仙法飛離此地。

　　不料畫面正中央兩名小童，一紅一綠的童子，手持雙劍，出面阻止白素真。

　　左邊的山洞裡走出南極仙翁；山石、樹木都用毛筆勾勒出來，再施以青綠顏料點染。

　　在傳統畫作裡面，常把人物放在同一層的距離表現，因此用色濃淡和大小都等比表現。但是經由山石景物的輕重不同；近處濃墨描繪，遠處淡筆渲染，讓景物產生距離感。人物在裡面展演時就可融入其間，也不會讓觀賞者感覺矛盾。

南極仙翁　　　鶴童鹿童　　　白娘娘

●取仙草／彩繪／嘉義鹿草龍湖宮

水漫金山寺

關鍵人物與故事

　　法海用神通算出許仙又恢復對白蛇精的憐愛。為維護天理正道，把許仙帶到金山寺，不讓兩人在一起。

　　白娘娘為了威脅法海禪師交出相公許仙，起動天下水妖聯手發動攻擊，水淹金山寺。法海不肯示弱，也向天庭請求支援，調來天兵天將相助。白娘娘看到洪水只在山門前就停住，再度召來更多有正義感的妖魔鬼怪加入。大水朝金山寺襲去。

　　法海：「沒想到一隻小小的孽畜，居然有那麼大的能奈，召來那麼多的妖魔鬼怪。」法海脫下佛門至寶「錦襴袈裟」，讓小沙彌圍在山門之前。

　　洪水升高一尺，袈裟升高一寸。就這樣魔高一尺道高一丈，雙法鬥得難分勝負。不料卻害慘了鎮江千萬百姓。四處洪水漫漫，人丁田

事說新語　　民間裝飾作品的故事，取材十分靈活。這齣戲裡有水族可供匠師發揮，加上水能制火，因此民間宮廟以香火做為信仰的延續象徵。各地宮廟無不希望香火鼎盛，但又想避免火光之災。因此期望以水剋火的五行生剋之理，多有水族意象的圖案或故事裝飾於廟堂之間。

MAP 05

地點：嘉義朴子春秋武廟　　年代：不詳

作者：不詳　　藝類：木雕

畜屋毀園傷。法海看到這個情境知道，再不下撒手鐧恐怕會造成更巨大的傷亡。祭出紫金缽往白蛇精頭上罩去。

延伸賞析

　　木雕員光。人物整排出場。右半邊是金山寺，亭景牌樓內桌上放著宣爐。宮匾下方一顆好像燈球的圓形物。法海在右二手持禪杖。最右邊是苦主許漢文。

　　白素真帶著小青，率領魚蝦水卒駕著仙槎泛水而來。水波滾滾，林木蒼翠，生機勃發，應該是萬物復甦的季節？怎麼畫面上卻是殺機騰騰。

　　人物都採用立體圓雕，讓人不管從左右兩面或從正前方欣賞，都不會把人給看歪了。

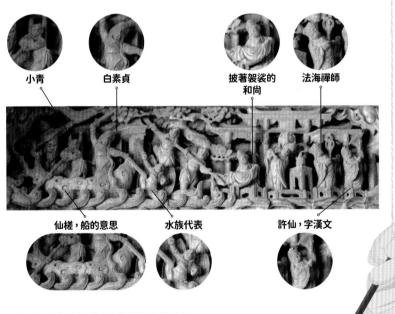

小青　　白素貞　　披著袈裟的和尚　　法海禪師

仙槎，船的意思　　水族代表　　許仙，字漢文

● 水漫金山寺 / 木雕 / 嘉義朴子春秋武廟

5. 水漫金山寺（白蛇傳2）｜嘉義朴子春秋武廟木雕

朴子春秋武廟的彩繪，是潘麗水和他的高徒王妙舜畫
的。近年略有整修，三川殿前簷廊的彩繪，有幾件因斑
剝龜裂，依原圖重畫。

● 伯邑考進寶／彩繪潘麗水作／嘉義朴子春秋武廟

2. 代父從軍｜嘉義慈濟宮

● 天官賜福／泥塑彩繪／
嘉義市慈濟宮

3. 白兔記・井邊會｜嘉義市仁武宮

● 霸王別姬／彩繪／嘉義市仁武宮
上帝公廟

溪口鄉

民雄鄉

新港鄉

Ⓚ

太保市

六腳鄉

嘉義

朴子市

Ⓔ

代父從軍｜
嘉義市慈濟宮

Ⓓ

東石鄉

Ⓑ
5

水上鄉

Ⓒ

三娘敎子｜
嘉義鹿草中寮安溪城隍廟

Ⓙ Ⓕ

水漫金山寺（白蛇傳2）｜
嘉義朴子春秋武廟木雕

1

鹿草鄉
4

布袋鄉

盜仙草（白蛇傳1）｜
嘉義鹿草龍湖宮

4. 盜仙草（白蛇傳1）｜嘉義鹿草龍湖宮

● 霸王別姬／彩繪／嘉義市仁武宮上帝公廟

1. 三娘敎子｜嘉義鹿草中寮安溪城隍廟

● 朱仙鎮八槌大戰陸文龍／剪黏／嘉義鹿草中寮
安溪城隍廟

Ⓐ

白兔記・井邊會│
嘉義市仁武宮

　　民間二十四孝的故事作品，在傳統建築和民間裝飾藝術常見。雖然都是勸人孝順，但在民間的應用上，卻有分陰陽。如果是全套二十四則齊上，就沒什麼問題。

　　孝感動天都是匠師們表現的好題材，大都是稱讚兒子的孝行；但有幾則卻是表彰媳婦的，像湧泉躍鯉、上書救父和乳姑不怠等，就是讚揚女生對公婆或父母的大孝表現。

　　而身為晚輩者，在面對父母長輩無理情緒和要求時節，一個忍字，加上靈巧又不失真誠的善意應對，化火坑為清涼的蓮池，才是最透徹也最省力的心法。

Ⓖ

3

2

Ⓗ　Ⓘ

嘉義市

A. 廿四孝之乳姑不怠│嘉義大林安霞宮

● 乳姑不怠／石雕／嘉義大林安霞宮

B. 廿四孝之負米奉親│嘉義朴子配天宮

● 負米奉親／交趾陶／嘉義朴子配天宮

C. 廿四孝之彩衣娛親│嘉義水上苦竹寺

● 戲綵娛親／彩繪／嘉義水上苦竹寺

D. 廿四孝之棄官尋母│嘉義東石先天宮

● 棄官尋母／彩繪／嘉義東石先天宮

E. 廿四孝之鹿乳奉親│嘉義朴子石碼宮

● 鹿乳奉親／彩繪／嘉義朴子石碼宮

F. 廿四孝之單衣順母│嘉義東石臥龍港代天府

● 單衣順母／石雕／嘉義東石臥龍港代天府

G. 廿四孝之湧泉躍鯉│嘉義民雄大士爺廟

● 湧泉躍鯉／石雕／嘉義民雄大士爺廟

H. 廿四孝之懷橘遺親│嘉義鵬思宮

● 懷橘遺親／石雕／嘉義鵬思宮

I. 廿四孝之行傭供母│嘉義雙忠廟

● 行傭供母／磁磚畫／嘉義雙忠廟

J. 廿四孝之刻木事親│嘉義東石網寮鎮安宮

● 刻木事親／石雕／嘉義東石網寮鎮安宮

k. 廿四孝之嚙指痛心│嘉義新港溪北六興宮

● 嚙指痛心／彩繪／嘉義新港溪北六興宮

台南
三國演義

劉關張桃園結義

劉、關、張結義桃園

中國歷史東漢末年，赤眉賊四處作亂，朝廷內部更是不得安寧，無力替四方州郡解決問題。因此出榜行文各地州縣自己想辦法。

幽州的劉焉，接受部下的建議，也貼出一紙榜文，公開招兵買馬，準備呼應朝廷的聖旨。這張榜文引出三位英雄出場。首先是賣席織履的劉備，年二十八。張飛算是三兄弟裡最富有的，前庭後院加上庄後有一座可容納三百多人的桃花園，賣酒兼殺豬。最後出場的是面如重棗、唇如塗脂，丹鳳眼、臥蠶眉的關雲長。在酒店中相識，三人一見如故。彼此志趣相投，有共同的理想。張飛邀請兩位初會的朋友到家裡再續攤。越談越投契，竟然說起不如結拜做為異姓金蘭。你呼我應，就這樣由張飛作東，殺豬宰羊祭拜天地，在桃園中起誓：「不能同年同月同日生，只求同年同月同日死。為匡扶漢室拯救蒼生結為異姓金蘭；皇天后土，同鑒此心。背義忘恩，天人共戮！」按年齡排行，劉備字玄德為兄，關羽字雲長居次，張飛字翼德為弟。

他們三個異姓兄弟向天宣誓之後不久，就有馬商捐出馬匹和募捐來的鑌鐵，打造兵器，然後帶著五百名鄉勇壯士去投效劉焉。三國演義的序幕，由此拉開。

事說新語　　所謂國亂顯忠臣，家貧出孝子。在這樣離亂的時代，也常常看出一個人的本性。桃園三結義的故事流很廣，對三人情如兄弟的感情更是津津樂道。三人同心起義，對於後來的發展也是讓人懷念效法。

MAP 01

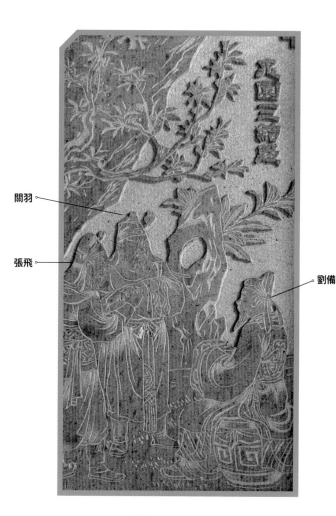

關羽

張飛

劉備

地點：台南仁德萬龍宮

作者：陳壽彝畫稿‧林炳煌刻石

年代：1979年

藝類：石雕壁飾

延伸賞析

　　民間傳統建築裡的石雕，為減輕重量而做的修飾，如龍柱和透雕花窗等構件；在一些必須維持承載屋頂重量的建材，如牆壁本身的構件，或如對看堵只施以淺雕花紋、內枝外葉的圖案等。但在建材和工法的變善之後，鋼筋混凝土建構的主體建築，除了龍柱石獅之外，出現浮貼在牆壁上的皮面石片，並以手持自動研磨工具車研出來的圖案，即本人稱之為石雕飾片。

破黃巾英雄立功

關鍵人物與故事

三英解北海之圍

　　桃園三結義後，劉備、關公、張飛在馬商的贊助之下，獲得一批駿馬。又有人送了鑌鐵，鑄了武器，劉備的雙股劍，關公的青龍偃月刀，張飛的丈八蛇矛。號召了鄉勇壯士五百名，一同前去投效幽州刺史劉焉。

　　在對抗黃巾賊的過程當中，劉備發現自己的兵力和對方相差太多，必須要出奇兵才有機會，關、張二人商討：「賊眾我寡，必出奇兵（反其道而行），方可取勝。」於是分兵一千，由關公埋伏山左；張飛領兵一千，埋伏山右，鳴金為號（古冊中說鳴金收兵，擊鼓前進，但這裡卻故意以鳴金為號，是為奇兵。）齊出接應。

　　次日，玄德與劉焉的部將鄒靖，引軍鼓譟而進。賊眾迎戰，玄德

事說新語

　　古早人說：「救蟲不通救人」；又說：「救蟲蠕蠕蛇，救人無功勞」。董卓勢利眼，連對救命之人都還以身分論高低，聽到劉備說是白衣，沒有功名官位的老百姓，連一點虛情的禮貌也不肯做出來，難怪張三爺不想跟他在一起；關公、劉備兩人也為了弟弟一同離開董卓。

MAP 02

引軍便退。賊眾乘勢追趕，方過山嶺，玄德於軍中一齊鳴金（敲鑼），關、張兩人帶兵殺出；玄德再帶兵回頭殺賊。三路夾攻，賊兵大敗而逃，玄德與弟三人直追趕至北海城下，刺史襲景亦率民兵出城助戰。賊勢大敗，剿戮極多，遂解北海之圍。

後人有詩讚玄德曰：

運籌決算有神功，二虎還須遜一龍。初出便能垂偉績，自應分鼎在孤窮。

在這之後，還有救董卓一事。但董卓一聽到劉備只是平常百姓，沒把救命之情放在心上，還冷漠以對，氣得張飛想殺掉董卓卻被劉備勸下。此事張飛又說：「如果不殺掉他，未來我們卻要在他底下作事，這種事情我不幹。兩位哥哥要留在這裡我沒意見，但我要離開這裡，不想跟他在一起。」

劉備、關公表示，要走大家一起走。於是三人半夜就離開，前去投靠朱雋。

地點：嘉義溪口北極殿　作者：不詳　年代：1975年　藝類：彩繪

延伸賞析

畫師劉沛又號石莊老人或簡稱石莊。他的作品在台灣中部比較常見，北部則約略幾處，但個人只在新北市木柵集應廟裡，看到被整修重畫之後幸存的幾件。

畫裡左方一棵樹，把黃巾賊和劉關張三兄弟隔開。樹葉和旗幟，以及關公的袍和張飛的肚兜，以青綠色敷染。馬匹和人物的膚色，採用褐色系做濃淡處理，除了表現光影之外，也讓主題與背景有了層次分明的效果。

人物五官該俊該俊，該粗獷就強調臉上的肌理濃淡。是一件百看不厭的佳作。

黃巾賊　　　關公青龍刀出手　劉備持雙股劍　張飛手拿蛇矛

●三英除黃巾首立功／約1975年／彩繪／苗栗通霄慈惠宮

虎牢關三英戰呂布

虎牢關風雲

　　董卓自領十五萬兵馬，同李儒、呂布、樊稠、張濟等守虎牢關。流星馬探知，報入盟軍大寨。袁紹聚眾商議。曹操說：「董卓屯兵虎牢關，截住諸侯中路，現在可分兵一半以便迎敵。」袁紹分王匡、喬瑁、鮑信、袁遺、孔融、張楊、陶謙、公孫瓚等八路諸侯，先往虎牢關迎敵。

人中呂布

　　河內太守王匡，引兵先到。呂布帶鐵騎三千，飛奔來迎。王匡將軍馬列成陣勢，勒馬旗下看時，看到呂布出陣，呂布頭戴三叉束髮紫金冠，體掛西川紅錦百花袍，身披獸面吞頭連環鎧，腰繫勒甲玲瓏獅蠻帶；弓箭隨身，手持畫戟；胯下嘶風赤兔馬：果然是人中呂布，馬中赤兔！王匡回頭問眾將：「誰敢出戰？」後面一將，縱馬挺槍而出。王匡一看，原來是河內名將方悅。方悅拍馬出戰，兩馬相交，不到五回合，被呂布一戟刺於馬下。呂布再挺畫戟，往王匡大軍直衝過來。王匡軍大敗，四散奔走。呂布東西衝殺如入無人之境。幸得喬瑁、袁遺兩軍到來救王匡，呂布方退。三路諸侯，各折了些人馬，退三十里下寨。隨後五路軍馬都至，一處商議。眾人都說呂布英勇無人可敵。

MAP 03

地點：台南府城文朱殿

作者：不詳

年代：不詳

藝類：磨石子

正憂慮之間，小校報訊，呂布再度討戰。八路諸侯在高崗之上，遙望呂布軍馬來往衝陣，旗號招揚飄盪。

上黨太守張楊部將穆順，出馬挺槍迎戰，被呂布手起一戟刺於馬下。眾人見狀大驚失色。北海太守孔融部將武安國，使鐵錘飛馬而出，呂布揮戟拍馬來迎，戰十餘回合，呂布一戟砍斷武安國手腕，武安國棄錘走避呂布的追殺。八路軍兵齊出，搶救武安國回營。

張飛大戰呂布

眾諸侯回寨商議。曹操說：「呂布英勇無敵，大家稍等十八路諸侯到齊再圖良策。」

眾人還在研議之間，呂布三度討戰。八路諸侯齊出，公孫瓚揮槊親戰呂布。沒幾回合，公孫瓚敗走，呂布縱赤兔馬趕來。那馬日行千里，飛走如風。看看就要趕上公孫瓚，呂布舉著畫戟望瓚的後心便刺。旁邊張飛飛馬大叫：「三姓家奴休走！燕人張飛在此！」呂布看到，丟下公孫瓚來戰張飛。

張飛抖擻精神酣戰呂布，連鬥五十餘回合不分勝負，雲長見了，把馬一拍，舞動八十二斤青龍偃月刀，夾攻呂布。三匹馬如車軸轉著廝殺。戰了三十回合依然不分勝負。劉玄德看到這種情勢，手持雙股劍、緊催黃鬃馬也來助戰。三人圍住呂布，像跑馬燈一般大戰，八路人馬都看得呆了。

呂布架勢遮攔不定，看著玄德朝面上虛刺一戟，玄德急閃。呂布尋個破綻，蕩開陣角，倒拖畫戟，飛馬便回。三個那裡肯捨，拍馬趕來，八路軍兵喊聲大震，一同掩殺，呂布軍馬往關上奔走。

董太師大鬧鳳儀亭

王允美人計

　　董卓仗著呂布威猛無人能敵，更加顯露狼子野心，他強把帝都從洛陽遷到長安。漢獻帝君臣屈於淫威也不敢不從，只要不順從董卓的意思都被他殺害了。

　　司徒王允和文武大臣為此傷神不已。一日睡不著散走於花園之中，月明風清，忽然間聽到牡丹亭畔，有人在長吁短歎。王允潛步密窺，發現府中歌伎貂蟬，正在月下向天祈禱，王允細聽月下女子對天的祈禱：……奈何身為女子，無法獻身於沙場為國除奸；一經詢問，才知道是府中歌伎貂蟬。王允現身告訴她，若要獻身報國有的是機會，只怕妳不肯捨身報國？貂蟬表示，只要有機會，自己願意將身為國效勞。於是兩人密策連環計，想用連環美人計，製造讓董卓與呂布兩人之間的矛盾，讓他父子不合兵刃相向；一計除掉兩個禍害。

　　古話說，自古英雄難過美人關。英雄配美人的觀念，好像戲劇裡都要這麼演，觀眾才會喜歡。也許，那只是人們對於現實世界的欲求不滿，移情給戲台上的演員角色一樣。

MAP 04

地點：台南市東嶽殿

作者：潘岳雄

年代：不詳

藝類：彩繪

董卓大鬧鳳儀亭

　　王允先獻貂嬋給呂布，然後再把她嫁給董卓。呂布因為認董卓為義父，敢怒不敢言。一天，董卓帶著呂布進宮議事，呂布伺機跑回董卓府中，在鳳儀亭和貂嬋說心事。董卓回頭看不到呂布，急急回府，在鳳儀亭看到兩個年輕人卿卿我我濃情蜜意，怒氣一發不可收拾，將呂布一柄立於亭畔的方天畫戟，拿著，向呂布射去，呂布腳快逃開。

延伸賞析

　　這件是木雕托木，人稱雀替，還有人稱做插角。主要是做為棟架柱與梁校正角度之用。常見雕鑿各式圖樣，不論是飛禽走獸或人物戲曲故事，都可在上面出現。呈相的形式，早期除了螭虎、卷草之外，大半以文武陰陽做出龍虎各樣，做為左右呼應的圖像，豐富建築物的人文藝術美感。

　　這齣「董太師大鬧鳳儀亭」，在亭台樓閣景緻裡面，有女兒牆增其華麗貴氣。亭中呂布與貂嬋正在談情說愛，卿卿我我。亭外，董太師自外回來捉姦，看到兩人親切的動作，不禁怒從中來，拿起方天畫戟，手指兩人，大罵：「狗男女，莫走，看戟。」

呂布與貂嬋　　　董卓　　　戟

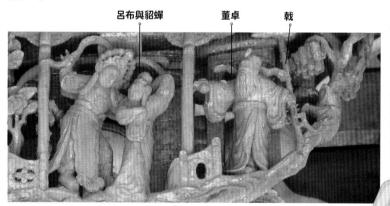

● 董太師大鬧鳳儀亭／木雕／彰化鹿港天后宮

轅門射戟

戰事一觸即發

呂布在曹操、袁術、劉備之間或戰或求。劉備一下子擁有徐州，一下子卻又因為張飛酒後失徐州。幸好這時的呂布還念著劉備的好處。雖然得到徐州，並沒因此與劉備反面，讓劉

備去小沛（那裡前不久才被劉備當小禮物送給呂布，還沒過完年就主客換人做了。）

袁術命紀靈為大將軍，前去攻打駐紮在小沛的劉備，但他卻擔心呂布會出兵幫忙劉備，造成前後受敵。於是派人先向呂布示好，希望呂布不要出面干預。

劉備知道袁術準備來攻，也向呂布求救。

事說新語

在《三國演義》裡，有不少類似劇情，如呂布在小說中也是被寫成反覆無常的小人。但在這裡還能看到他對劉備還滿真心的，雖然多少有些想要借用劉備做為抵抗曹操的意思。「沒有永遠的敵人，也沒有永遠的朋友？」在《三國演義》小說中，可真寫到骨子裡去了。另看陳宮臨刑之前回答曹操的話就知道，至少他還比曹操要可愛一點。

MAP 05

呂布射箭化干戈

地點：台南新化武安宮

作者：蔡慶雲

年代：不詳

藝類：石雕飾片

　　雙方都出現在呂布的帳中。紀靈、劉備雙方內心不安。呂布設宴招待，酒過數巡忽然提著方天畫戟在手，兩人一見都嚇出一身冷汗。呂布說：「定解干戈，不讓彼等失了和氣。」呂布命人將畫戟插在一百五十步遠處，然後告訴雙方說，或戰或和各安天命，如果我呂布的箭出，能射中畫戟小支，那麼雙方看在老天爺的面子，各自退兵回去。如果射不中，再讓兩家自己去拚輸贏，呂布決不插手干涉。

　　兩邊都關心呂布的箭法。只看呂布搭箭張弓，叫了一聲：「著！」鏘地一聲，畫破天際。劉備放下心中一塊大石；紀靈則心頭沉重，這下不知回去該怎麼跟袁術覆命。

延伸賞析

　　許連成畫師的作品，屬於比較耐看型。套句民間俗話講就是：深緣。乍看之下不覺得有什麼華麗與貴氣，可是當觀賞看過越多作品之後，再回頭來看許連成的作品，才會覺得他的畫真的好看。

　　人物的安排，依戲劇或小說文學劇情描述一一展開。呂布持弓，而箭已經射出中的～方天畫戟，劉備與紀靈，關、張和一名文官（可能是呂布的謀士陳宮）三人，彼此有些距離。

　　畫面上以青綠色為主調，人物的衣冠主色仍然不脫紅、綠、黃、紫。這是許連成的作品常見的色調，鮮艷卻不俗氣，筆觸樸實且不雜亂。

陳宮　　關公　　張飛　　　紀靈與劉備　　　　呂布　　　畫戟與箭

● 轅門射戟／許連成／約 1990 年前後／彩繪／台北市大龍峒保安宮涼亭

戰宛城

關鍵人物與故事

曹操迎獻帝

　　董卓死後，他的部將為他報仇，司徒王允面對郭汜、李傕責問，無言可答，跳城謝罪身亡。然而郭汜、李傕也是虎狼之心，欺帝無能，對他百般忤逆。文武大官身無兵權，也不敢冒險替皇帝講話。經過多次波折，曹操奉獻帝詔書前去救駕成功，然後移帝駕與朝廷前往許都，自此以後曹操遂成氣候。凡奏章要給皇帝之前，必先經過曹操這關。萬幸的是，皇帝的起居生活，遠比先前受制於人，三餐不濟、朝不保夕，還好一點點。或許如此形容，獻帝從破籠移入金絲玉籠之中，只要沒有太多個人意志，一切都還算幸福。

將計就計

　　曹操看著大局已定，開始對外征討與他不同心的地方勢力。
　　宛城，張濟已死，有侄子張繡鎮守。張繡兵力不如曹操，謀士獻計詐降。想引誘曹操進城，然後找機會殺掉他。
　　曹操將計就計，雙方各懷鬼胎。
　　宛城內，曹操見張濟（張繡叔父）寡妻鄒氏美貌，請人穿針引線，坐擁美人懷抱。
　　張繡知道後，敢怒不敢言。

MAP 06

曹操每夜飲酒作樂，一定讓典韋在門外守護，張繡懼怕典韋勇猛，不敢冒險接近他。

典韋捨身護主

有一天張繡偏將胡車兒獻計說：典韋之勇在手中雙鐵戟，只要計誘典韋吃酒，再趁機盜去他的雙戟，典韋就跟個廢人沒兩樣，要殺曹賊易如反掌。

當夜照計行事；曹操在溫柔帳中聽到門外傳來兵馬聲響，喊人答話，有人回說是張繡夜巡，曹操安心攬著美人睡覺。

典韋接受胡車兒邀宴之後，回去守衛門房。不久衝殺之聲與夜火四起。典韋驚覺時，張繡已經殺到門前。典韋轉身要拿雙戟，一摸不著，搶過部卒腰刀抵擋敵人的攻擊。但是平常兵器太過軟弱，才那麼幾下就缺口不堪使用；隨手捉住兩個敵人充當武器對抗敵兵（力氣好大，可以一手捉一人）。最後仍然不敵如潮湧的敵人，被亂箭射殺，死時仍立於門前，忙亂之中，曹操從後門逃出。

延伸賞析

澎湖的宮廟，明顯呈現與台灣不同的風格。雖然兩邊隨著移民和交通之便，也有不淺的交流。但在某些地方，還是可以看出些許的不同。

在馬公城隍廟裡有不少畫師黃友謙的作品，其名號也是到了澎湖才知道。

筆觸跟台南府城潘陳兩家或鹿港郭派的風格不同，可是卻與北部的許連成有點相類。除卻煙燻漆料經過歲月的洗禮呈現黃褐色的情況不說，上面的用色也以青綠為主。佐以紅、藍、紫、褐、黃等色處理版面。

曹操逃難所穿的便服，加上散髮（戲劇造型）。典韋赤身散髮，捉住兩名兵士攔阻追兵。張繡這邊，將軍們則全身披掛仗槍，騎馬與典韋對戰。

●宛城遇張繡／黃友謙／1976年／彩繪／澎湖馬公城隍廟

地點：台南白河大排竹六順宮
作者：不詳
年代：不詳
藝類：木雕

灞橋贈袍（關公別曹）

曹操與關公的緣分，大約從溫酒斬華雄那時就開始了，再到虎牢關三戰呂布有了更為熱切的行動。白門樓時，張遼險被曹操斬殺，關公出面為之討保，曹操看到關公為故友竟然不惜尊嚴，開口向人求情，更是讓曹心傾心不已。怎奈關公與劉備、張飛桃園三結義誓同生死，曹操雖然吃醋，卻又忍不住感佩關羽的義氣。

劉備兵敗下邳逃走無蹤，關公保護劉備家眷無能脫圍而出。張遼主動向曹操請令想要前去勸降，但程昱分析關公的個性之後，用調虎離山計，先將關公誘至土山之上，使其無所依靠。此時再由張遼出面與之分析厲害關係，也許能動他之心，使他甘心歸降丞相；於是屯土山約三事便有兩全之利。

關公降漢不降曹，曹操也無所謂。你要走就走，攔也攔你不住。就算把你的人留在身邊，汝心不在，縱然把人綁在身邊，聰明的曹操也知道沒有功用。

曹操對待關雲長，上馬金落馬銀，三日大五日少百般禮遇，只希望這個血性義氣的男子漢能被自己的誠心感動；可是，白馬坡斬顏良除文醜，關公也建立功勞答報曹操的恩情。

白馬坡一役，劉備遠遠看見一個手持青龍刀的紅面大漢，其實已經知道二弟關雲長的行蹤，半夜派孫乾前去報訊，順便刺探關公的意思。關公明確表達桃園三結義的情分是永難決裂的，無論天南地北也要保護二位嫂嫂與大哥團圓。

MAP 07

於是，關公封金掛印，然後再去拜訪曹操順便與他告辭。曹操閉門謝客，關公不得已只好留書告罪並且辭行。曹操看到書信，又是生氣又是敬佩。連忙叫張遼快馬追去告訴關公，老夫要為關將軍餞行送風。

話說關雲長本有曹操贈與的赤兔馬，照理曹操是追不上他。可是因為帶著劉備的家眷～兩位嫂嫂；車駕不敢縱馬急馳，這才讓曹操給追上。

關公先見過張遼，讓車駕繼續前行，自己在灞橋上等候曹操。不久曹操也到了，曹操見雲長去意堅定，命屬下把錦袍黃金取出要送給他，關公告罪請丞相原諒，大禮全部送還不收。曹操再三表達誠意：「將軍戰袍已經破舊，一襲薄薄錦袍，讓將軍路上遮風避雨敢好？」關公稱謝，在馬上用青龍刀挑起錦袍披在肩上。然後向曹操說了一聲：「別了！」拍馬而去。

地點：台南善化慶安宮

作者：文凱彩繪李勝雄

年代：1990年

藝類：彩繪

延伸賞析

台灣雖然不時聽到宮廟拆舊建新的消息，但是偶而還是能夠看到這類歷經朝代更替的老作品。

新北市淡水清水祖師廟裡，還保留上個世紀的剪黏作品。落款陳順添？

「紅關公，白目眉，無人請自己來」，很多人都還記得的一句俗語。原來關公的臉是紅色的？

山石景緻以泥塑堆疊，再施以顏料點染。人物衣著及頭冠和馬匹，都用磁片或玻璃片美化。這樣的表現，到今天，偶而還有匠師能做出這類的佳作，美化神明殿堂，豐富生活藝術。

曹操　　曹操的兵　　刀挑錦袍　　關公　　馬僮

● 灞橋送風曹操贈袍／陳順添／1939年／剪黏／新北市淡水清水祖師廟

虎牢關一戰，曹操第一次發現關公的厲害，從此對他打從內心敬愛不已。只是關公對曹操，雖然不像三弟張飛那種咬牙切齒的討厭，卻也沒怎麼好聲色給他。可是日後的屯土山約三事之後，曹操更是對關公多有禮遇，也讓他在日後華容道上，有了糾結的矛盾。

這對作品，從戲劇角度來看，主要在講關公知恩圖報的義氣。

① 虎牢關 / 北投神農大帝廟

② 曹操贈袍 / 北投神農大帝廟

三國的故事好像精彩萬分～

曹操贈袍，是留一線人情在關公的身上。張飛斷橋，也是為了關公被困土山，因保護兩位大嫂，暫時屈就在曹操那裡。因為解了白馬坡之危後，關公對曹操的讚美說了一句：真要厲害，還是我三弟才叫真正的厲害。把曹操給嚇到了。也才有張飛喝退百萬兵的成績。

③ 曹操贈袍 / 雲林斗六真一寺

③ 張飛斷橋 / 雲林斗六真一寺

張飛大聲一喝，木橋就斷了，也太神了！是不是偷偷鋸了橋啊。

古城會

過關斬將

雲長別了曹操，護送二位嫂嫂過關斬將來到沂水關。沂水關守將卞喜，原為黃巾遺黨，投降曹操後，奉命顧守關隘。卞喜聞說關公猛勇不敢力敵，好禮在城外鎮國寺接待關公一行人。

鎮國寺方丈普淨，與關公同鄉又是舊識，再說俗語有言，人不親土親，聞知關公義氣參天，千里護送二位兄嫂，尋找結拜兄弟劉備、張飛，心內越是欽敬有加，更是加熱想見故友的心情。

出家人又是識破卞喜機關，更是主動與關公相認。卞喜見狀，恐怕普淨洩露機密，喝斥出家人：「汝乃出家人，六根清淨，怎可輕涉紅塵是非？」普淨卻說：「他鄉遇故知，明知道故人到來，若不相認豈不違人情義理。」也不管他卞喜歡不歡喜，一逕邀請關公到方丈室

MAP 08

地點：台南灣裡保安宮

作者：葉進祿

年代：約1985年

藝類：泥塑上彩剪黏

奉茶。普淨明知室外有人偷聽，一邊與關公對話，一邊手指戒刀，關公丹鳳眼微微一閤並點頭示意，好像在說：吾已知曉。

卞喜成了青龍刀下亡魂之後，普淨與關公話別：「此處難容貧僧，貧僧亦該離開此地，前往他處雲遊，後會有期，將軍保重。」說完普淨離開，關公繼續趕路。

在黃河渡口且又殺了秦琪，一行人餐風露宿，來到古城之前。

古城會

關羽看到張飛在城門上指著他破口大罵，關公再三解釋都無法讓張飛諒解。張飛以丈八蛇矛相殺，關公只得撥掃閃避。就在此時，後面塵土飛揚，探子馬回報，曹將蔡陽追來。這時關羽告訴張飛說，不管信或不信，總是讓兩位嫂嫂進城再說。張飛忙問，兩位嫂嫂在哪裡？（一旁兵士聽了心中忍不住暗罵，不就是在一旁的車駕之中嗎？你這直眼賊。）張飛立時請兩位嫂嫂入城。「但是，紅臉的，你且斬了曹將表明心志再說，俺在城樓上助你三通鼓助威。」張飛撂下話。

關公斬蔡陽

蔡陽追上，關羽只能逃離城門，他怕蔡陽趁機衝入城裡，危及古城安危。關羽在護城河畔急勒馬頭，手中的青龍偃月刀，刀刃轉向；蔡陽胯下戰馬煞不住，一顆腦袋剛好掛在青龍偃月刀上，和身體分了家。一計「倒施刀」，讓古城會成了家喻戶曉的故事。只是，這招倒施刀自此未曾有人見過，又據說，見過的都去找閻王報到了。

台中大甲鎮瀾宮，1988 年農曆 11 月 1 日，舉辦重建落成入火安座大典。這對石雕透雕花窗，應是此次重建的作品。

以古城兄弟相會，冰釋前嫌；對應孔明空城退敵。一則以冷靜的智慧審度局勢，利用敵人多疑的心，反而城門大開，「好膽就放馬過來！」機智退去大軍。但要真正確保平安，還是得靠派出去的軍隊回防，才能高枕無憂。

① 古城會 / 台中大甲鎮瀾宮

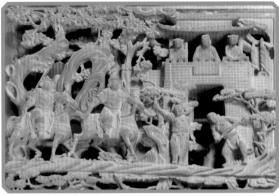

② 空城計 / 台中大甲鎮瀾宮

歡迎來大甲鎮瀾宮欣賞寺廟中的工藝裝飾藝術喔！

　　古城會兄弟相會，關公殺掉曹操陣營的大將蔡陽；對上曹操潼關遇馬超，被殺得割鬚棄袍落荒而逃。兩齣戲共同的點，都是曹阿瞞吃敗仗，觀眾最喜歡的結局。雖然歷史成王敗寇，但人生苦多，透過戲曲的撫慰傷痛，讓自己振作起來，繼續迎向挑戰，正是文學與藝術最大的功能。

③ 古城會／台南灣裡保安宮

一定一定！
有到台南也
要來走走府
城老廟喔！

④ 潼關遇馬超／台南灣裡保安宮

小霸王怒斬于吉

小霸王孫策

　　袁紹遣使陳震至江東，孫策喚入問之，陳震說，袁紹想要連結東吳為外應合攻曹操，孫策大喜，聚集諸將於城樓之上，設宴款待陳震，正在飲酒之間忽然看到諸將私下交談，然後紛紛下樓。

　　孫策臨窗觀看，只見城下人人擺設香案，似在迎接什麼神佛一般。孫策喚人相詢，才知道有個人稱活神仙的道人于吉來到東吳地界，人們百般崇信於他，又說于吉給人治病從來不取分文。口耳相傳，追隨者成千上萬，他所到之處，常是萬人空巷，對他百般禮敬。

　　孫策是跟著父親隻手打出天下的人，他不信那些看不到又摸不著的神異鬼怪。看到文武大臣和百姓對那個于吉的追崇，感到簡直是妖言惑眾，怪力亂神。他命人把于吉捉起來關進牢裡去，不想讓他的子民受妖道的迷惑。

活神仙于吉

　　于吉被捉進牢裡，那些獄卒們看到于吉進來，立即替他打開枷鎖。等到孫策提問再把枷給他戴上見主公。文武大臣說，東吳連日乾旱急需雨水，不如請于吉登壇祈雨，若無效再治他罪，如此或可服眾人之心，否則強逆民情，恐失民心。

MAP 09

地點：台南新化天壇護安宮

作者：汪日清（另門神為潘麗水作）

年代：1984年

藝類：彩繪

午時、午時、午時、午時一到，若還不見落雨，于吉的頭就要落地；一個時辰有兩個鐘頭，一刻鐘是今天的十五分鐘。午時頭、午時尾相差一百一十分鐘。

午時一到，孫策命人把于吉抬上柴堆之上，點起火來。火越來越大。煙，把于吉整個籠罩。剎時烏雲四合，雷聲大作，風雨雷電齊到。雨足足下了三尺。雨落下了，于吉的頭也落地。于吉被斬的時候，有人看到一道青氣往東方噴射而去。

孫策經過于吉之事以後，舊傷復發，藥石罔效；雖有國太與文武大臣替他求告天地，祈福延壽，但都無見功效，臨死之前把江山交給孫權，三國鼎立的雛型慢慢顯露。

延伸賞析

洪平順畫師，雲林縣水林人，原來學習電影看板繪製，後來因緣巧合接觸民間宮廟彩繪的工作。洪師傅自我學習能力極強，不論是臨摹前輩的畫作或是自我挑戰的能力都很強。洪師傅的畫作風格，與他的成長過程息息相關，幾乎隨著年紀的增長而呈現不同風格。借一句師傅的話說：他看自己的作品，總覺得今天可以畫得比昨天的更好。是一位時求進步的好師傅。

這件作品，遠近的處理都很合理，人物賓主的表現恰如其分。怒氣沖天的小霸王孫策，一派逍遙自在的于吉面對他的怒火，好像一點都不在乎。人在火中轉身準備離開了，還敢回頭觀望怒氣沖沖的孫策。一旁的小兵應該是奉命點火的人吧？從扁嘴縐眉的表情，好像也替于吉感覺悲傷。只是他是凡人，不知道眼前這個道長神通廣大，只是空自替人悲哀。

于吉在火中　　　　　　小霸王孫策

●小霸王怒焚于吉／洪平順／2013年／彩繪／雲林水林蕃薯厝順天宮

徐母罵曹

程昱獻計

劉備受化名單福的徐庶輔助，識破曹仁所排的八門金鎖陣，擊退曹仁之師。曹仁敗回向曹操請罪。曹操説：「勝敗乃兵家常事，你用心，吾無責罪也。」

曹仁向曹操提説，劉備有單福運籌決策甚是厲害。一旁的程昱説：「此單福乃是徐庶字元直之化名。」然後將他出身向曹操説了一回。曹操再問，才能與先生誰高？程昱説：「勝吾十倍。」

「程先生汝才華洋溢，能被子所誇諒必不差。有何辦法能使徐庶來投？」曹操又問。

程昱獻計，曹操從之。於是命人前去徐庶故鄉誆伊老母前來許都。徐夫人到位看不到兒子，心疑萬分。

曹操令人請夫人到花廳相見。再三對徐夫人勸説其子徐庶在劉備處實乃「好花插牛屎」，可惜可惜！若能來老夫身邊，良禽擇木，可大展雄才。請夫人寫信喚庶前來，吾必重用之。

徐夫人聽見曹操之言，越聽越怒，可是畢竟有著大家風範長者之姿，按捺滿腹怒火等曹操把話講完。

徐夫人大罵曹操

曹操命人把文房四寶筆、墨、紙、硯布陳徐母面前的桌上。徐母

MAP 10

看侍者站在前方擋住視線，微微舉手說了一句，請略移寸步，莫遮老身與曹相對話。

「曹大丞相，吾兒在劉皇叔身邊是好花插牛屎？要在汝處方能一展長才是否？」

「是，是，是。夫人說的正是。」

「曹操！曹阿瞞，你名為漢相實為漢賊，皇叔仁義待人，萬民之所趨。汝，汝挾天子以令諸侯，奸心巧詐，天下人皆知。要吾兒從你輔你，除非日從西出……」徐夫人越說越怒，看見桌上石硯，不管硯中早已磨滿的墨汁，捉起硯台就朝曹操擲去。曹操被這忽然而來的情形嚇到，看她往桌上捉物的同時，還沒反應過來。等到石硯飛出，不由自主反射動作把頭一偏。石硯擊中後方屏風。

曹操大怒，大喊，來人，將這個瘋查某拖去斬！

一旁的程昱勸撫曹操，並且為徐夫人講情。然後再對曹操說：「徐媽媽不能死，她死了，徐庶就不會來。讓我來，我有辦法讓她寫信叫兒子來你身邊為您效力。」

徐庶告別劉備來到許昌，見過母親，被他母親唸了一頓。母親進去後堂不久，就聽到家人說老夫人懸梁。

徐庶在曹操身邊，只在長坂坡為他獻過一言；說趙子龍是一名忠心的猛將，必須捉活的不能傷到他。如此，趙子龍和阿斗才有活命的機會。

地點：台南後壁泰安宮

作者：丁清石

年代：1991年

藝類：彩繪

延伸賞析

在這本書裡，潘麗水的作品可能是出現最多的一位。他的作品不管是角色的辨識度，或是劇情的掌握、人物的描寫都十分道地。

這件徐母罵曹，看得出來，夫人用的是右手擲硯，但在台北市大龍峒保安宮正殿外面那件卻用左手？幾乎相同的布局構圖（長方型和正方型的版面差別而已），人物不變，畫師卻給了不一樣的細節。曹操背後的屏風，這裡用的是墨梅圖，但在保安宮的卻是白鶴圖？這裡還有上燈（有燈籠且是點燈的狀態）。為何有這些差別？潘大畫師仙逝了，也未曾看到有人就畫師的筆記，寫下作畫的情景或心情，只能留給觀畫的人自去想像了。

單騎救主

趙子龍救主

曹操大軍追殺劉備

劉備有了孔明輔佐，火燒博望坡大挫曹軍雄威。曹操就像被激怒的雄獅，雖然畏懼孔明神機莫測的戰略，卻因此更是不容劉備的存在。他帶領大軍，破新野，入襄陽，沿路追殺劉備。

劉備以仁義之心逃城走縣；包袱越逃越大，難民越來越多。部下勸劉備拋下百姓，劉備卻不肯丟下百姓自行逃生。

趙子龍奉命保護劉備家眷和兩城百姓，逃避曹軍追殺。

在一次曹軍衝殺之後，趙子龍與劉備家眷被衝散。趙子龍打退曹軍之後，尋不到二位夫人的車隊，帶著部隊回頭尋找。

有人看到趙子龍勒馬逆行，以為趙子龍反叛劉備，把消息傳給張飛知情。張飛聽到怒氣沖沖帶兵想去追殺趙子龍。張飛一行到達長坂橋。看看地形又審度局勢，有了念頭。他命軍士在橋不遠處的樹林後方，馬尾綁樹枝，來回奔馳，製造煙塵滾滾之勢，以亂敵心。

子龍在逃難的百姓隊伍之中，救到甘夫人，命人保護先往前去追主人劉備一行。自己再上馬繼續探尋糜夫人和幼主阿斗。

曹操的隨身背劍將軍夏侯恩，仗著力強，沿路搶殺難民取物。看到趙子龍，隨即將身欺敵。趙子龍看著比自己壯碩的夏侯恩，如狼似

MAP 11

虎向自己壓來。拍馬挺槍與他相鬥，也不過來去一個回合，夏侯大將軍就死在子龍馬前。子龍看到夏侯背後一口寶劍（剛好可當防身之用），拿起寶劍一看，劍上有青釭二字。（原來曹操有兩把寶劍，一口倚天自己配載，另一口給他信任的宗親夏侯恩隨身保管，以備不時之需。子龍看完插劍，提槍又去尋那糜夫人去了。（夫人啊，你在何處！阿斗幼主汝在哪裡？）

趙子龍救阿斗

在一處廢墟破牆後方的一口古井旁，子龍找到糜夫人與阿斗。糜夫人身受重傷不肯上馬，只要子龍保護阿斗去找他父親；兩人僵持不下，夫人把嬰兒往下一丟，趁著子龍不注意的時候跳入井中，死去。子龍將她就地淺埋，又把阿斗放在護心鏡中護著，趕著去追主公劉備一行人。

子龍才轉出庄口就遇上曹兵，一個失神馬落坑崁。曹兵挺槍向下直刺，子龍連人帶馬無得伸張。（阿斗阿斗，汝若有福運，應當自救助子龍一臂之力。）心念一轉，忽然間紅光射目衝破天際，曹兵只見紅光逆目，剎時人馬已經消失在坑棧之中。

趙子龍一人一馬，力敵如潮而來的曹兵。

不遠的山上有兩個人站那裡觀望戰況。

「那個白袍將一人一馬，吾軍竟然無法近他一身，不知何人？如此猛勇。」

「主公，此人乃常山趙雲字子龍。能得子龍勝過千軍萬馬。」

「如此傳吾軍令，捉活的，不能傷他一根汗毛，如有差池按軍令處斬。」

「領令，傳令。活捉白袍將趙子龍，不准傷他，要完整的活的趙子龍，違令者斬。」（心想，拒絕再玩！）

地點：台南仁德二層行公堂

作者：丁清石（廖慶章，2017年修復）

年代：1996年

藝類：彩繪

張飛斷橋

關鍵人物與故事

張飛長坂橋用計

張飛見子龍救回幼主阿斗，跟他講主公在後面樹林，要他趕快過去。子龍通過長坂橋。

後面曹軍隨後到位。前鋒看到一個大鬍子單槍匹馬擋在橋頭，一下子不敢亂來。

張飛看到曹兵在他面對忽然間停下來，覺得很是奇怪。後面的曹軍陸續跟上，卻像在等紅燈一樣，只把馬匹打上空檔。

跟在後方的曹操看到這種情形，心裡想著孔明擅用奇計，才剛剛被他的火攻計燒得驚心動魄，竟也不趁勢攻擊，前面還有誰敢在那邊一夫當關？

「喂！曹兵曹將，俺燕人張翼德，好膽前來決一死戰！」

曹軍吱吱喳喳騷動了。

「張翼德是誰啊？」

「張翼德就是張飛啦！」

「張飛，張飛？張飛！見張飛就避！丞相下令，要咱腰間掛一張布條，上面寫著見張飛則避！我們每個人都要帶一張，要檢查的，你拿出來看看。」

我的寫張非，你的寫張菲？（又不是費玉清的哥哥，你怎麼寫那樣？）

我又沒讀冊，不識字，這是拜託別人寫的。

MAP 12

張飛大喝嚇退曹軍

　　張飛看到曹軍不戰不退，一下子也莫名其妙。他不知道他的二哥當年白馬坡斬顏良、文醜之時，曹操誇他勇猛厲害。他謙讓的說：「我還不厲害，要厲害就要我的三弟，千軍萬馬之中，取敵人頭首猶如桌頂拿柑。」曹操下令，要伊的兵士個個在腰間帶著布條，時時提醒自己。看到張飛不要硬碰才不會吃虧。

　　張飛人直個性又急燥，看到這種情況禁不住滿腔怒火，大喊。

　　「俺，張飛，汝等戰又不戰，退亦不退，是想欲創啥～」

　　曹軍之中的夏侯傑，一聽到像打旱天雷一樣的喝聲，忽然間心肌梗塞翻下馬來，死去。

　　曹軍被這一聲若雷的聲響震得軍心渙散，被當場嚇死的好幾十個，亂甩亂踩的幾近數百。曹操嚇得帽歪袍斜，被眾將搶護逃得無影無蹤。

　　曹操：「我的頭還在嗎？」

　　曹操退兵離去，張飛怕曹操又帶兵回頭，命兵士拆掉橋梁。回頭跟劉備報告經過。

　　「才要誇你張飛粗中有細，沒想到也是想不週全。你橋一拆，曹操就知道我們沒兵埋伏。傳令下去，大家快跑吧！不跑，性命休矣。」

地點：台南臺灣府城隍廟
作者：潘岳雄
年代：1997年
藝類：彩繪

延伸賞析

　　磁磚畫，有人也稱作花磚。這個磚不是古早常見的紅磚、灰磚、土埆、土磚。它只是先用素燒的白色磁磚，再用釉料勾勒線條、上色，等陰乾之後，再入窯燒製，讓釉色呈現出來的一種修飾牆面的建築材料。不管什麼材料或不同工法，所要表現的，都是以戲劇文學作品或歷史典故人物故事，當成主題去發

●張飛斷橋／磁磚畫／民宅拍攝地點保留

揮。生、旦、淨末、丑，展演其中的角色。張飛黑臉；曹操白臉，表示奸臣（他有腮紅耶！），那是為了豐富畫面的吧！揮袖做驚慌狀；對比張飛一夫當關的鎮定。

　　長坂坡救主對上張飛斷橋，一個為主捨身忘死，不達目的絕不退卻；一個是粗中有細急中生智。張飛面對曹軍壓境，奉命守在長坂橋前，忽然間想到自己兵力有限，叫兵士砍些樹枝綁在馬尾上，故意在樹林裡來回奔跑，製造塵土飛揚，然後獨自在橋前等待敵軍。果然一喝成名，嚇退曹操大軍。

① 張飛斷橋 / 雲林元長代聖宮

② 長坂坡救主 / 雲林元長代聖宮

我要當張飛，看我大喝一聲！嚇退大軍，哈哈……

　　張飛斷橋遇上許褚鬥馬超；畫面上同時也出現割鬚棄袍的曹操，所以算是雙蛋黃的彩蛋。這對作品，也在講曹操敗戰分析。

① 張飛退曹兵 / 澎湖文澳城隍廟

② 許褚鬥馬超 / 澎湖文澳城隍廟

我要扮關公，看我耍青龍偃月刀，哈哈⋯⋯

苦肉計

曹操遣人詐降

曹操平白損失了十幾萬支箭。心中氣悶。荀攸勸慰曹操，失箭事小，能夠攻破孫劉聯軍才是正事。如今可派人潛入東吳詐降，以為內應。知己知彼方能百戰百勝。曹操派出之前被斬水軍都督蔡瑁的宗族，蔡中、蔡和。「你們兩人可要用心，事成之後必有重賞，休有二心，自取滅亡。」「吾等妻子都在荊州，絕無二意！」

周瑜見蔡中、蔡和來投，假意憐惜，將他們編入甘寧前部。二人以為周瑜中計，滿心歡暢卻假裝感懷東吳。

夜間周瑜在帳中未睡，黃蓋悄悄來見。兩人議策，皆認為曹操派人前來詐降，這下子火攻之計又近一步了。周瑜詢問老將軍不知能否擔此重任？

黃蓋說自己受孫氏厚恩，雖肝腦塗地亦無怨悔。自願被打，取得曹操的信任，前去詐降。

周瑜拜而謝之說：「君若肯行此苦肉計，則江東之萬幸也。」

周瑜打黃蓋

第二天，周瑜在中軍帳裡分派任務給眾將。黃蓋跳出來大聲喝斥周瑜策略錯誤，惹周瑜暴怒要將黃蓋處斬以正軍威，經眾將討保，改判杖脊之刑。眾將再討保，周瑜假意勉強將百改成五十。雖然如此，黃蓋還是被打得鮮血淋漓。

退堂之後，魯肅去找孔明，責問他為什麼連個人情也不顧替老將軍黃蓋求個情？你是客人，都督免不了看些情面放過黃公覆（黃蓋字公覆）。

MAP 13

地點：台南北門永隆宮

作者：葉進祿

年代：1985年

藝類：泥塑上彩剪黏

孔明卻說：「我若開口討人情，只是增加黃將軍的皮肉之痛罷了。再說，『他們一個願打一個願挨』，我又何必自己去招惹風火，徒惹人嫌。」

苦肉連環計

黃蓋被打之後，闞澤替黃蓋送降書給曹操。又加上蔡中、蔡和把這邊打探到的消息，回送給曹操佐證黃蓋被打的事情，曹操才相信，黃蓋到了約定的日期會前來投降，到時內攻外應一舉攻破孫劉聯軍。

此後，蔣幹二見周瑜，讓龐統（鳳雛）獻連環計給曹操，讓曹操把戰船全鎖在一起，等到曹操看到黃蓋在約定日子，駕著船隊前來投降；東南風已被孔明借到，黃蓋詐降的船隊一到，大火一點，大風一吹。風助火勢，火助風威。周瑜火燒赤壁崗，曹操揮師大敗，黃蓋的被打才算有了代價。

華容道

關鍵人物與故事

孔明神算

　　孔明在南屏山登壇作法之後，被子龍接回夏口，隨即升帳議事。連發數支令箭，派兵出門。趙子龍奉令帶領三千兵馬前去烏林埋伏，等候曹操兵敗逃命經過，好收拾曹軍。

　　然後再點張飛，也帶著三千兵前往葫蘆谷口把守。只要看見山中炊煙升起，就放火燒山。只要嚇跑曹操逃去，就是功勞一件。

關公義釋曹操

　　關公在旁等了半天卻不見軍師點名。忍不住向前抗議：「向來大小戰役無不參與，如今卻無視關某存在，莫不是欺某無能否？」

　　孔明說：「本來這支令箭無將軍前往，他人無力成功。可是山人顧慮的卻是將軍義氣參天，恐怕二將軍因此而誤山人大事，故不敢委任於你。」

　　「軍師，但不知詳情，讓軍師不能放心？」

　　孔明料曹操兵敗赤壁，勢必取道華容逃往南郡的分析說了一遍，然後對關公說：

MAP 14

「關將軍，你保護二位夫人委降曹操之時，受伊百般禮遇；上馬金下馬銀，三日一小宴，五日一大宴。又賜胭脂赤兔馬于你。再忘情背義之徒，也難挨人言之議，而將昔日的大恩人放縱逃生；何況素有五常君子的關將軍，會如何在忠信義勇之間取擇？是讓孔明難以決斷之因。」

「軍師，曹操之恩，某已在白馬坡斬顏良除文醜答報，如今已無瓜葛。某願立軍令狀以示丹心。」

曹操命不該絕

孔明觀星望斗知道曹操命未該絕，也就把這個順水人情成就將軍知恩報本之義。於是真的與關公互立軍令狀，送關公出帳而去。

曹操，曹操，曹操三笑引出三路伏兵；曹操果然按照劇本敗走烏林遇上趙子龍，又逃到葫蘆谷口碰上張飛，然後帶著十八騎殘兵敗將，在華容道遇上關公。

山東夫子寫春秋，山西夫子讀春秋。曹操以《春秋》〈孟子篇〉：「庾公之斯追子濯孺子」的故事，救了自己一命。

地點：台南下營茅港尾天后宮　作者：不詳　年代：不詳　藝類：木雕

延伸賞析

用色鮮明大方，卻不會讓人感到俗氣，反而因為搭配得宜，又掌握傳統戲曲裡面的人物特色。綠色冠袍的關公，紅色朝服的曹丞相。一個威風十足擋在華容道上，一個剛吃了敗仗，又被趙雲、張飛嚇得差點破膽的曹大丞相。如今遇到舊識，是以前曾經上馬金下馬銀，一心禮遇的關大將軍，為了性命，曹操不得不卑躬彎腰對他說盡好話。

山間小路的華容道，用山景襯以老松表現。淡綠撲點遠山的翠綠，雖然與小說中曹賊悲風苦雨的敗走華容道有些落差，仍然讓人對關公仁義的表現，透過畫境的傳送感到尊重與景仰。

就連細節處也安排的入戲十足。關公的兵馬個個意氣風發，與曹軍的卑躬屈膝、奴顏求命形成強烈的對比。

● 華容道關公義釋曹操／傅柏村／1983 年／彩繪／雲林斗六善修宮

取長沙

關公請令取長沙

　　劉備有了孔明之後，雖然經歷了棄新野、走樊城，流離失所的逃難日子，但在孔明運籌決策之下，幾乎不費一兵一卒取得荊襄二郡，暫時有了自己的根據地。趙子龍奉令帶領三千兵馬攻取桂陽，張飛也帶領三千人馬取下了武陵。這讓關公自動請令意欲攻打長沙城，做為華容放曹補罪之功。

　　孔明為求公平之見，也要點派三千兵給關公，可是關公仗著自己的勇猛，只要本部五百名兵馬前去。孔明不放心，請主公劉備帶兵隨後準備助援。

長沙老將黃忠

　　長沙太守韓玄性急輕殺，手下部將對他並不傾心。然而老將黃忠卻是忠於職守，為保長沙多有費心，加上老當益壯，手中神箭百發百中，這也是孔明讓劉備隨後助援之意。

　　關公帶兵來到長沙，黃忠出戰。兩將陣前展開廝殺。關公見黃忠雖然白頭年老，但是身手武藝不輸青壯。於是大喊一聲：白鬚老將好膽來追！撥馬向前直奔。意欲施展拖刀計斬殺老黃忠。黃忠也不甘示弱，夾緊戰馬隨後追趕。

關公不趁人之危

　　關公的赤兔馬在前面跑，關公聽到背後馬蹄聲越來越清楚。雙手暗中使力，準備揮刀的那一瞬間，後面的馬蹄聲忽然不見，只聽到馬

MAP 15

匹嘶叫的聲音。青龍刀在黃忠頭上停住，黃忠馬失前蹄跌落塵埃。關公不趁人之危，讓黃忠回城換馬再戰。黃忠回城又換了一匹戰馬，雙方再戰。

黃忠還報人情

第二天，黃忠重展身手，連著兩次先大喊關雲長看箭！關公聽到馬上做出閃避的動作，但只是空弦。第三次黃忠再喊，關雲長，看箭！咻的一聲，關公側身閃過那箭。

黃忠射完那箭，高聲大喊：關雲長，明日再戰，絕對與你分個高下，說完，撥馬便往關內而去。關公見狀也不得不撥馬回營。回到帳中，兵士替他卸甲，發現他盔上的紅纓連根齊斷，隨向關公稟報。關公看過頭盔才想到，原來是黃忠報他前日未趁人之危的人情，才故意兩記空弦提醒，直到第三箭才射取紅纓；一則顯其神箭百發百中之能，二來也是還報人情義舉。

英雄惜英雄

關公、黃忠惺惺相惜的英雄之舉，韓玄卻不這麼想；他覺得黃忠的心已偏，下令要把黃忠斬首以正軍法。就在黃忠臨刑危急之際，一名紅面大漢衝入刑場救了黃忠。然後振臂直呼，韓玄殘暴不仁，劉備、關公等仁義正氣，此乃良禽擇木之時，殺韓玄投劉備！殺韓玄投劉備！長沙城終於歸劉備所有。黃忠受劉備真誠感動降了，成為劉備的生力軍。

事說新語　　古話說，趁人之危殺者不仁。雖然各扶其主，但英雄疼英雄，好漢疼好漢。在長沙城外，關公和黃忠有著細膩的描述。

地點：台南天壇
作者：葉進祿
年代：1981年
藝類：剪黏（屋頂規帶牌頭剪黏）

龍鳳呈祥
（甘露寺吳國太佛寺看新郎）

劉備的老婆糜夫人剛死，沒想到才有了棲身之所～荊州，另一個夫人，也就是阿斗劉禪的母親甘夫人也因病駕返瑤池。

但最大的意外則是，在劉備感傷的時節，東吳派了呂範過江，說是要給劉皇叔做媒，女方是東吳的孫權家，對象是他的妹妹尚香郡主。

劉備心亂如麻，軍師孔明卻說：來得好，來得好。

「我死某，你講好？！軍師你也未免太無情了。」

張飛也說：「大哥，你說兄弟如手足，妻子如衣服；衣破能再補，手足斷不可續。」

「你的記性也太好了吧？」

「軍師，閒話少話。此事該如何應答？」

「主公，就答應他們無妨。山人算出來了，主公過江必可替小主人阿斗帶一個母親回來。好事一椿，美事一椿。」

於是命趙子龍帶五百名兵士保護劉備過江，並給他三個錦囊，要他登岸時打開編號甲那個。依計行事，

MAP 16

地點：台南佳里金唐殿

作者：王石發

年代：1956年

藝類：玻璃剪黏

後面的事情，裡面都有交代，在此不必細言。

一行人來到東吳地界，子龍立即打開錦囊。不久後，東吳地界就出現備辦聘禮的人馬。大街小巷都在傳誦吳侯準備欲嫁小妹的事情。

孫權的親家，已故兄長孫策的丈人，也就是孫權大嫂的父親喬國老聽到喜訊，連忙跑去向親家母吳國太賀喜。把一個吳國太搞得莫名其妙。

「我啥時要嫁女兒？我怎麼不曉得。」「叫人去找孫權來問。」

「你倒說說看，這是什麼情況？」

孫權打算裝蒜到底。「哪有！八卦消息，電視媒體報導的都是假的。母親您別亂聽亂想跟人家瞎起哄。」

吳國太轉向喬國老直看。

喬國老說：「大街小巷人人議論紛紛，難道是我重聽眼花弄錯了？」

「仲謀啊，你母親臨終之前如何說的？難不成我的女兒就不是你的妹妹？」

「母親啊，是這樣的……」孫權把事情推給周瑜。

吳國太一聽更是生氣了。大罵周瑜，身為東吳兵馬大都督，無力守護寸土，卻來以我女兒做釣餌。豈不知名節乃女人第二個生命，此事一過，卻叫我女兒如何做人呀？

事說新語

〈甘露寺〉是一齣戲。這齣戲表面在寫趙子龍威武的形象，還有劉備能屈能伸的柔軟度。但背後的孔明，以三只錦囊的未卜先知，能預知情勢的發展，應付百里之外於未來所發生的事情，讓趙子龍及時準備並提醒劉備應變。這種神乎其技的能力，是只有通天徹地的活神仙才有的異能。孔明被形塑如此的奇能，難怪書裡要說他自比管仲、樂毅，更說他有姜子牙、張子房安邦定國之能。只可惜，天時不利大局，不能替劉備爭得統一的局面，只能做到鼎立三國的境界。

龍鳳呈祥

喬國老當起和事佬說：「如今也只得將計就計。」

「怎說？」

「親家母先看劉備是不是夠格當孫家的女婿，再做決定可否？」

「也罷！明朝替我安排，在甘露寺宴請劉皇叔。我要親自看他一看，若不合我意，再由你們去處理。」

第二天，劉備事前準備染髮霜把灰白的鬍子染成黑色，然後帶著趙子龍前往甘露寺。

甘露寺禪堂周圍的伏兵被趙子龍發現告訴劉備。劉備向吳國太求饒，國太斥責孫權，孫權推說是呂範負責的職務，兒不知其詳，傳呂範前來，呂範說是賈華的安排，吳國太罵賈華為何要殺我金子婿？賈華也推不知，找了個伍長前來再罵去。

「個個都推不知？難不成是劉皇叔和趙子龍自導自演？全都給我退下！」

甘露寺喜劇收場，成就一齣〈龍鳳呈祥〉。

　　這一壁畫是府城台南畫師陳玉峰的兒子陳壽彝的作品。畫中把常見的空間布局，從主人的角度變成客人的立場。觀者可以看到貴客劉備和趙雲的正面，還有身為媒人公的喬國老，就連碧眼兒孫權也以正面對著觀眾。反觀劇裡應為主人的吳國太，反而用背面對著看畫的人們。並且從畫中圖形來看，這位老夫人好像飽嚐風霜的老婦一般，瘦弱乾扁。就連她後面的侍女，從臉上來看，都還比她豐腴。

　　除了這些之外，畫師把甘露寺描繪的富麗十足，巨大的龍柱，高懸的宮燈，還有遠處的欄杆矮牆，都把接待準女婿的規格拉得超高。顯示貴為吳國之主的霸氣與令人難以睨視的姿態。可惜遇到渾身是膽的趙子龍，一下子也遜色許多了。

喬國老　　孫權　　吳國太

趙子龍

劉備

●甘露寺／陳壽彝／1966 年／彩繪／台南總趕宮

回荊州

美人香居色誘劉備

　　吳國太強力反對東吳孫權與周瑜色誘劉備的計策，劉備順利入贅孫家，讓孫權沒了主張，派人告訴在柴桑的周瑜。

　　周瑜寫信建議孫權〔做一個金絲籠把劉備放在裡面。再送美女和各種珍奇的寶物，給劉備好好享受。劉備從小吃苦，有了這些享受之後，就會忘了桃園結義時的雄心遠志。更可能因此把三顧茅廬才請出來的孔明冷淡掉。藉此讓他們君臣兄弟產生相惡的情緒。簡單講就是要把劉備寵成昏君，這樣他的忠義臣子們自然會討厭他，不再替他賣命，到時候要取回荊州，自然不費吹灰之力。〕

　　孫權覺得有理，聽從建議；立刻大興土木，建造一落不小的宮殿給他的妹妹（尚香）與妹婿（劉備）居住。

　　劉備也很配合，從此不再想起趙子龍和他的五百壯士。

　　趙子龍成天和部下跑馬射箭，什麼事也不必做。劉備無憂，子龍無奈。

MAP 17

地點：台南三山國王廟

作者：不詳

年代：不詳

藝類：木雕

孔明錦囊妙計

趙子龍想起孔明臨行之前給的三個錦囊。之前用掉一個，現在快要過年應該是時候了！打開第二個，心裡有了盤算。

第二天跑去要找劉備，經過通報才獲得劉備接見。

「主公，今早孔明使人來報，說曹操欲報赤壁鏖兵之恨，起精兵五十萬，殺奔荊州，甚是危急，請主公便回。」又說：「您應該還沒忘記有個兒子在荊州想念他的父親吧？快過年了，該回去看看他了。」

孫夫人在後面聽到丈夫跟趙雲的談話，告訴他們，「我都知道了，明天再向母親請求，讓我們到江邊遙祭祖宗，然後趁機跟你們回荊州去。」

有了吳國太的恩准，劉備帶著孫尚香離開孫權的視線。等到孫權酒醒再調派兵馬追趕，已經是大年初二。劉備一行已經趕了好遠一段路；只是劉備一行卻走得慢，半路上被追到。

後有追兵

時間回到這天，是正月初一過年，孫權與君臣歡宴，酒醉不醒，等到隔日獲報，劉備一行已逃出城去。

正月初二，孫權獲報知道劉備偕尚香逃跑，命潘璋、陳武追趕。程普事後知道，反而提醒孫權，兩位將軍追去，就算追到了人，恐怕也帶不回來。

孫權盛怒，「難道他們敢不遵我令？」

程普說：「也不是這麼講。公主自幼好武，又被將軍與夫人寵愛。眾將看到郡主就像老鼠遇到貓一樣，哪敢與她為難。」孫權解下佩劍交給蔣欽、周泰並傳口喻，如果郡主抗命不回，就用此劍取下人頭回來見我。

　　周瑜惟恐跑了劉備，老早就點了三千兵馬叫徐盛、丁奉守住要衝。這日兩將遠望來路，看到一行軍馬車駕遠遠而來。徐、丁在路口攔路等候。

　　趙子龍看到前有阻擋後有追兵，連忙打開第三個錦囊，裡面寫著「求孫夫人活命」等字。劉備看完錦囊，把一切經過和周瑜、孫權的計策，全向孫尚香講明了；然後哭求夫人，寧願死在夫人之手，也不願委手他人。

　　孫尚香知道緣由之後表示，我兄既然不顧兄妹情分，把我一生當做餌料，我今嫁了劉皇叔，自然生死都是劉家的人。

　　孫尚香下了車駕，把徐盛、丁奉罵了一頓，嚇得兩人全推給周瑜；夫人再說：「難道你們只怕周瑜卻不怕我了嗎？周瑜殺得了汝等，我就殺不得你們？」

　　徐盛、丁奉平時就懼怕這個驕縱的郡主。這一罵，兩人恨不得把頭埋到土裡邊去。孫尚香邊往車駕走去還一邊罵著，徐、丁二將連頭都不敢抬起來看四下景況。一旁的兵士見狀也不禁覺得好笑。忍到夫人車駕遠去，才笑出聲來。

　　「有什麼好笑的？哼！」

　　潘璋、陳武二將遇到徐、丁兩人，問起劉備一行人可曾經過此地？徐、丁二人把剛剛的經過說了一遍。潘、陳二人說：奉吳侯之命，捉回劉備。二軍合一尾隨劉備一行而來。

　　孫尚香這下真的生氣了；她讓劉備先行。然後下了車仗見四將，把他們狠狠的罵了一頓，然後離開。

　　潘璋、陳武、徐盛、丁奉面面相覷無言可答，私下討論。

　　「他們一萬年還是兄妹，我們再怎麼說也是個外人。」

　　「兄弟姐妹再怎麼吵架廝殺，哪天和好了還是手足至親，吳侯又

是個大孝之人；到時國太給他們講和了，我們呢？跟她使強？萬一被她打了、殺了，倒楣的還是我們自己。」

「唉，奉命行事而已。」

「但也不能違抗軍令啊？」

「接下來怎麼辦？」

「能怎麼辦，就慢慢追吧！」

「慢慢追，就慢，慢，追～吧。」

中午時分，蔣欽、周泰追到，問劉備一行何處去了？

四將告知情況，蔣、周二人把孫權的寶劍拿出來說：「主公口喻，不論死活都要阻止劉備回荊。郡主若是反抗，格殺勿論！」

劉備一行到了江邊，早有孔明在船上接駕，不久周瑜也帶兵來追劉備。從江上追到陸地，周瑜緊追不捨，但忽然間斜刺裡一支軍隊衝出，領軍的不是別人，正是關公前來接應。

周瑜不敵關公，只能棄馬就船。岸上軍士齊聲大叫曰：「周郎妙計安天下，陪了夫人又折兵！」周瑜怒氣攻心，金瘡迸發倒在船上，劉備等人則安全回去荊州。

事說新語

古代封建制度，人們把朝廷當做皇帝個人的家產。身為臣子的都是他的家臣財產，下層階級的都算是他們的奴僕，這樣的思維到今仍在。

民間的企業公司，還是有著這樣的觀念，不管是已經在政府立案的股份有限公司，還是民間百年行號，都還保留這種想法。

因此像故事裡面東吳幾員大將私下討論的關鍵，就成為軍令不達的原因了。

把公司當成自己的家？如果是身為員工這麼想，或許不會有太大的問題，畢竟沒有公司的存在，可能明天就要再去找工作了。可是如果是老闆自己也這麼想？他如果公私不分，把公司的財產當他自己個人的家產。萬一又沒建立起一套合理合法的制度，恐怕難脫民間諺語「富不過三代的」所講的預言了。

至於外人，自己人？怎麼分呢？得好好細想推敲推敲，看看能不能找到一個合情合理的答案，不然拚到流汗，被人嫌到流涎。

功勞歸上司，功德迴向天；家中無米煮，老少失問津。

黃鶴樓（竹中藏令）

孔明借東風借到令箭

　　孔明在赤壁大戰時與周瑜不謀而合，兩人都提出用火攻之計，抵擋曹操百萬雄兵。不過，周瑜只想到火攻，卻沒想到冬季時節要吹東南風的機會不多。等他想到，戰況已經緊急萬分，煩惱的吃不下飯，病倒在床。孔明主動提議協助，但要五百名士兵和一支可以調兵遣將的令箭，好指揮他們。赤壁大戰成功，五百名士兵還了，但令箭卻被孔明帶走了。

　　因為，周瑜下密令，只要東南風一起，立刻把孔明殺了回來請功。不料孔明神算，知道周瑜想要傷害自己，在登壇作法之後走下壇，告訴也是東吳的小僮：守著，我去放個水，等一下回來再繼續作法。然後又對指揮軍官下一道命令：禁止交頭接耳，不准東張西望，違令立斬！

　　（我什麼時候做完法事，風什麼時候要來，我知道，但你周瑜～不知道。東風不到，你不敢動我。哈哈哈哈……）

　　不要說歷史上的「黃鶴樓」沒發生過周瑜向劉備索討荊州的故事，就連旅客造訪的黃鶴樓，也是上個世紀後期，才易地以鋼筋混凝土仿傳統構建形式所建築的新黃鶴樓。
　　文學的黃鶴樓，歷史的黃鶴樓，感性的黃鶴樓，現實的黃鶴樓？不管人站在哪個角度，當登上今天的黃鶴樓中，吟唱「昔人已乘黃鶴去，此地空遺黃鶴樓」時，好像有叫人必須面對現實，而改成「此處非昔黃鶴樓」的慨嘆。

MAP 18

地點：台南玉井盤古殿

作者：不詳

年代：不詳

藝類：剪黏

黃鶴樓周瑜索荊州

周瑜請劉備過江赴約，孔明要趙雲保駕同行；在黃鶴樓上，劉備再三軟言陪禮，什麼都沒關係，什麼都可以說，就是不談荊州返還的話題。

周瑜主動開口討荊州，趙雲說：「那東吳得把東風先還回來。」

周瑜怒目，趙雲橫眉，劉備陪笑。周瑜想動手傷害劉備。趙雲卻與劉備寸步不離，隨時把手按在青釭劍，好像隨時都準備廝殺似的。雙方就這樣僵著。

劉備一直好言敬酒，周瑜也顧慮到另一層關係；一來劉備再怎樣，好說也是孫權的妹婿，吳國太發起怒來，吳侯也得看他老母的臉色，要不是有重大的軍政事務，周瑜也不敢對劉備太過失禮。

黃鶴樓（竹中藏令）

　　只不過現在，劉備再三以禮敬添美酒，周瑜綜觀局勢，量他君臣插翅也難飛出這座黃鶴樓去。醉言之間，周瑜下令：沒有他的命令，任何人不可上下樓。他要和東吳的女婿，這個好親戚好好連喝三天三夜，不醉不歸。因此劉備敬的酒來者不拒，杯杯見底。（橫豎是喝的酒錢，都可報公帳。）

　　周瑜醉了。劉備慌了。

　　子龍先安撫主公的情緒，然後在身上搓腳捻手之間，被他摸到腰間的硬物；軍師臨行之際交給他的一段竹節（竹管仔啦）。

　　剛剛上樓的時候，通過安檢關卡，被東吳兵拿起來仔細看過的一節竹管；未曾剖開的竹節，裡面肯定是空無一物，但現在拿在手中晃動，好像有東西碰撞的聲音傳出。軍師妙計神算，這段竹節必然有玄機。抽出青釭劍一頓，寶劍鋒利把竹節剖成兩半，一支令箭現身，上面寫著「大都督令 周」，活命之鑰！

　　趙子龍拉著劉備鎮靜走到迴廊，向東吳兵眾下達周大都督的軍令，君臣要回去荊州準備大宴，三天後回請都督和諸位將軍。

　　周瑜治軍甚嚴，見令如見人，眾將不敢攔阻放兩人離去。張飛在江岸蘆葦之間聽到馬蹄聲，趕忙把船划到岸邊接應劉備、子龍，然後急駛快船離開東吳回去荊州。

　　孔明出城迎接。劉備指著孔明說：「差點被你嚇死」。張飛說：「幸好我哥安全回來，不然你這個牛鼻子，肯定要讓你去拖犁。」

　　這件彩繪出自彰化某個古蹟民宅裡面，從其他部位的落款來看，只知是「鹿津漁人」鹿港郭新林一派的共用筆名。歲次丁丑年推算起來是 1937 年。那時台灣還是日本人統治的年代。

　　畫中簡潔的線條呈現空間的透視感。正中間有旭日東昇後靠壁畫。兩旁有窗，一邊連著是矮牆，牆內植樹。頭插雉羽的周瑜，看來已經離開圓凳，雙手緊捉兩條帥氣的帝雉尾，望著面前的劉備君臣。劉備鞠躬作揖，雙眉倒垂，神情卑微的向周瑜討饒。趙雲則怒目拔劍，準備在緊要關頭就出手保護主公劉玄德。

　　兩名武生都是天庭飽滿，劍眉鳳目。從膚色來看只以平塗處理面貌，不再施明暗作立體修飾。縱是如此，我們還是可以透過線條感受人物的立體感。濃淡色彩的處理，畫師放在服飾衣冠和桌裙，以及背景中窗戶的表現。讓人看來，除了樹石之外，窗戶的外面依然有深淺遠近的空間感。

周瑜，字公謹　　　　劉備，字玄德　　　趙雲，字子龍

● 黃鶴樓 / 彩繪 / 私人民宅

曹操大宴銅雀台
（英雄奪錦）

銅雀台宴

建安十五年春，曹操那邊有人挖出一隻銅雀獻給他，而後建造一座銅雀台。竣工時舉辦銅雀台宴。曹操一時興起，想要看武官比試弓箭，他

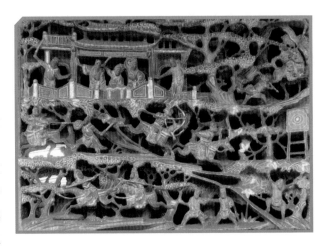

命人把一襲西川蜀錦製成的戰袍，掛在柳樹上。然後在下方，擺上一個箭垛，以百步為界。將武官分成兩隊；曹氏宗族穿紅袍，其餘的將士穿綠袍，要他們比賽箭法。一時好不熱鬧，射中靶的將軍，都向曹操喊著領賞。

這時徐晃跳出來說：「靶是固定的，射中靶心也不算厲害，看我箭射迎風搖動的柳條取下錦袍，方知高下。」

英雄奪錦

說完，張弓搭箭朝繫著錦袍的柳條射去，錦袍墜落，徐晃奔馬飛取錦袍披在身上，趕馬至台前高聲歡呼：「謝丞相賜袍！」

徐晃勒馬才要轉回，台邊躍出一員綠袍將軍，大叫：「將錦袍留下！」原來是許褚飛馬前來奪袍。兩馬相近，徐晃以弓打許褚，許褚

MAP 19

一手按住弓，將徐晃拖離馬鞍。徐晃棄弓翻身下馬，褚亦下馬，兩個打成一團。

曹操看得興高采烈，怕兩將爭袍傷了和氣，急忙差人解開。但那領錦袍已被扯得粉碎。曹操笑說：「孤只想看眾將之勇，豈惜那錦袍？」叫諸將都上台去，各賜蜀錦一匹，讓他們自行請人縫製。

這個故事還有另一個名稱，叫「英雄奪錦」。畫面中，一襲錦袍在樹上掛著（著紅色示意圖），幾個武將騎馬持弓，亭內有曹操與文官。

地點：台南興濟宮
作者：不詳
年代：不詳
藝類：石雕

延伸賞析

這件石雕花窗在雲林縣西螺廣興宮，從布局和人物的線條表現，可以看出，與更早之前純以手工雕琢的石刻作品有著明顯的不同；不論是五官表情或是眉宇之間，都不若早先的圓潤飽滿與細膩。

話雖如此，從人物個性和肢體動作，亭景樓台和樹景石坡的安排，加上關鍵的飾物；如柳樹上的錦袍（代表獎品也暗喻箭靶，有些會特別再畫上箭靶，只是不多見。）和將軍手中的雕弓，可知它在表演的是「曹操大宴銅雀台之英雄奪錦」。

白色的線條和金黃色的強調，有畫龍點睛、凸顯景物和角色的作用；可是如果技術不純熟或對主題不瞭解，反而會有添足之嫌，造成視覺障礙。至於美醜則見人見智。

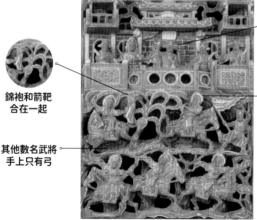

曹操拿令旗

錦袍和箭靶
合在一起

其他數名武將
手上只有弓

手上還有箭的
徐晃

●曹操大宴銅雀台：英雄奪錦／石雕／
雲林西螺廣興宮

許褚裸衣戰馬超

錦馬超

馬超的父親馬騰，奉詔入許都，本來打算將計就計尋找機會除掉曹操。誰知機密被小人所洩，事敗身亡。消失傳回西涼，其子馬超帶孝入關想為父報仇。

曹操在潼關被馬超殺得割鬚棄袍，到渭河築城下寨，奈何渭河沙土不實，防衛工事築不起來。隱士婁子伯對他說：「時已九月歲入冬寒，近日烏雲四合，北風一起天必大凍，可令人以水澆土，天冷土凍城寨立時便有。」曹操依法行事，果然冬風助陣，曹軍築起防衛工事，兩軍形成對峙之勢。

第二天一早，曹操帶著許褚一人來到馬超營前，形同向馬超示威──我把城寨建築起來了，你想拿我怎樣？馬超這時開口問曹：「虎侯在嗎？」許褚回答：「某就是譙縣許褚。」

事說新語　　古話說，請將不如激將，人性中不服輸的因子，稍一不慎很容易被人利用。如果方向正確有益事情發展，倒還沒什麼問題。萬一受人誘騙進入賊窩，再被人稍一激弄，很容易就把自己放入他人的算計之中，輕一點的被當笑話，嚴重的傷財害命。

MAP 20

地點：台南新化保生大帝廟　年代：約1974年

作者：不詳　藝類：玻璃剪黏、淋燙

馬超不敢衝動，勒馬而回。曹操也帶著許褚回寨。兩軍觀之無不駭然。丞相只帶一將竟可讓馬超畏怯，真是膽量非凡。曹操問眾將說：「賊子亦知仲康（許褚的字），乃是一名虎侯也？」自此軍中皆稱許褚為虎侯。（虎侯好像又比虎將強些似的。）

許褚：「某來日必擒馬超。」

曹操：「馬超英勇，仲康不可輕敵。」

許褚：「某必要與他死戰！」

當下立刻派人向馬超下戰書，說虎侯單搊（單挑）馬超，來日一決死戰。

馬超接到戰書，大怒說：「好膽竟敢如此相欺！」提筆批示，次日誓殺「虎痴」。

虎侯許褚

第二天，兩軍出營布成陣勢。馬超分龐德為左翼，馬岱為右翼，韓遂押中軍。馬超挺槍縱馬立於陣前，高叫：「虎痴快出！」（這時不稱虎侯，改呼虎痴。其中況味立時有了改變；假如叫他虎呆、戀虎、空虎呢？）

曹操在門旗下回顧眾將曰：「馬超不減當年呂布之勇。有錦馬超之稱。」話還沒說完，許褚就拍馬舞刀衝出。

馬超挺槍應戰。雙方鬥了百外回合不分勝敗。但是馬匹已經困乏（這兩個實在不是人，把馬們當機器在催油門，罷工，罷工！兩馬匹互使一個眼色，同時曲腿要把他們掀下馬來。怎奈馬超、許褚武藝非凡，順勢落地仍然刀槍相向。）各回軍中換了馬匹，又出陣前。（換馬再上）

兩人又鬥一百餘回合，依舊不分勝負。許褚性起（等一下，我回去把盔甲脫掉再回來砍你。）說完勒馬回陣，卸了盔甲，露出一身筋肉，提了刀又翻身上馬來與馬超決戰。

許褚裸衣戰馬超

　　兩軍大駭。兩個又鬥到三十餘回合，許褚奮力舉刀便砍馬超。馬超閃過，一槍望許褚心窩刺來，許褚棄刀把槍挾住腋下，兩人在馬上奪槍。許褚力大，一聲響，拗斷槍桿，兩人各拿半節在馬上亂打。

　　曹操怕許褚有失，指示夏侯淵、曹洪兩將齊出夾攻。這邊的龐德、馬岱看到曹操兩將齊出，也指揮兩翼鐵騎橫衝直撞，混殺而來。曹兵大亂，許褚臂中兩箭，諸將慌退入寨。

　　馬超軍直接衝殺，一直到了河邊，曹操兵折大半，命令兵士堅守大營不出。馬超回至渭口，跟韓遂說：「從沒看過像許褚一樣的惡戰者，連自己的性命都不顧，真正是一個『虎痴』！錯，是虎呆，虎戇，空虎。」

馬超　　　　露出手臂表示脫去盔甲的許褚

●許褚裸衣鬥馬超／木雕／雲林大埤三仙亭三山國王廟

　　木雕員光。兩端的垛頭占去一半的畫面，剩下的部分才作圖雕刻。右上方的曹操站在城門上，觀看底下的戰況。小說寫的是以水澆土築成防禦工事的營寨，但在戲劇裡面常見以城池（門）表現。柳樹幾與曹操平行出現，有匠師說，只要有曹操出現，一定要有柳樹，因為他是柳樹精投胎轉世的。

　　中間的許褚亮著手臂，肌肉線條分明，表示他是脫掉盔甲與馬超大戰。他的扮相與平劇的造型相似，耳邊倒豎毛髮，加上臉頰兩邊的鬍鬚，乍看倒像一隻展翅的鳳蝶。馬超則以俊俏的五官登場，「錦馬超」果然聲名遠傳，經過那麼長時間和空間，連遠在百千年後的台灣匠師，依然對他不陌生。（本書講古從戲不從史。）

曹操

張飛夜戰馬超

關鍵人物與故事

馬超攻打葭萌關

　　劉備靠著益州來的張松所獻的地圖，進兵漢中。張魯時為漢中所有。馬超兵出西涼，雖然打得曹操丟盔棄甲，最後還是兵敗前去投靠張魯。馬超知道劉備兵進益州來到葭萌關，主動請令前去攻打劉備。

　　馬超帶兵攻打葭萌關，偏偏趙子龍不在，孔明擔心張飛無法對付馬超，以激將法提昇張飛戰力。

　　孔明故意說，這個馬超強似當年的呂布，素有錦馬超之稱：

　　「他，雲長都未必能打得過他，這卻如何是好？」

　　張飛聽到軍師之言，頗有「長他人志氣，滅自己威風」之意，便大不服氣。

　　「軍師，難道俺張飛也打不過他馬超？」

　　「總怕有個閃失，卻又如何是好？」

　　「軍師，俺願立軍令狀，若不能打敗馬超願受軍令制裁。」

　　　　如果說許褚戰馬超是在拚命，那麼張飛戰馬超，似可視為拚面子的。眾人之下豈可示弱？當然這得在實力相當的情況之下，才可用這種激將法，不然只會把人逼上絕路，嚴重的可能從此變成仇人。

MAP 21

地點：台南北門新圍新寶宮

作者：不詳

年代：不詳

藝類：木雕

劉備在一旁幫腔：

「三弟，莫逞匹夫之勇，權候四弟趙雲回來再說，也罷。」

「大哥，連你也瞧我不起。來，來，來，軍師，取張白紙過來讓飛劃個押，裡面你愛怎麼寫就怎麼寫，俺出關去擒那小馬超，回來洗汝等的臉！」

說完張飛轉身，取出丈八蛇矛上馬而去。

孔明請劉備隨後跟上，以便壓陣。

張飛大戰馬超

張飛帶兵騎馬來到城門前，但門卻是緊閉的。關外馬超，命人罵戰不休；關內急死了張飛，再三要求劉備下令開門，好去廝殺，劉備卻充耳不聞。

「傳令下去，放飯，吃飽再說。」

馬超在關外連番叫陣數十次，葭萌關的吊橋卻緊緊封住城門。

「好累，好餓，好渴；傳令下去，放飯，吃過再回來罵戰。」

關內人吃飽了，關外的兵才剛要打飯。

「殺！聲連連。吊橋放下，裡面衝出一個烏臉大將。」

馬超看到立刻提槍上馬。

「來者何人？」

「俺，林北燕人張翼德；爾是馬超否？」

「正是，看槍！」

張飛、馬超兩人一見，立刻殺得天昏地暗，兩人從午後一直打到日落申時，已戰了兩百多回合。眼看日落西山日頭漸暗，但兩人依舊鬥志十足，不見疲態。

「你敢夜戰否？」

「夜戰，正是某的最愛，各自回營準備燈籠火把，再來一戰，不敢來的，小人。」

張飛夜戰馬超

「唉呀呀！欺人太甚，不敢來的，狗子生的。」

張飛回城，乾脆摘下頭盔，只包頭巾上場，戰場上點燃千支火把，把葭萌關前照得如同白晝。你來我往戰了一陣，馬超詐敗，跳出戰局，讓張飛從後面追來；張飛畢竟也是沙場老將，暗地提防著。果然馬超抽出銅錘往張飛面門打去，張飛側身閃過，反手搭箭射他馬超，兩人一陣廝殺仍然不分勝敗。

「喂，黑張飛，那頭虎痴許褚是在拚命，你也這麼不計生死，是在拚啥貨？」

「嘿，俺張飛，拚面子的啦！再看林北的丈八蛇矛之靈蛇出洞。」

劉備，字玄德。

張飛，字翼德。

● 張飛挑燈夜戰馬孟起／1957 年／石雕／新北市汐止忠順廟

劉備心裡愛才，怕再打下去傷了虎將。開口說：

「馬孟起，二虎相爭必有一傷，吾以仁義相待，不施暗招，今且各自回營，等天明再戰。鳴金收兵！」

雙方各自回營。

馬超後來歸降劉備，成為蜀中五虎將之一。

延伸賞析

　　石雕作品。內枝外葉，底部做素平處理。但是人的五官仍然保留圓雕的特色——就是不管觀賞者站在哪個角度看，人物的臉都可呈現正常的模樣，不會只有一個角度可以欣賞。換言之，就是除了正面之外，所見的，是會變形的五官。

　　城門上劉備觀戰，張飛轉身回頭斜刺馬超，馬超則挺槍直刺。兩人前後各有燈籠，有的是掛在樹上，有的是兵士高舉著。出現的紅黃色，是為了強調「挑燈夜戰」的關鍵燈籠刻意加上的，現場石雕作品只有石頭原色。

燈籠

馬超，字孟起

關公單刀赴會（戲）

孫權討三城

關公已經見過諸葛亮的哥哥諸葛瑾，他帶著大哥劉備的書信，要關公歸還荊州下的三個城給東吳，好救他一家老小。

關公以「將在外，君命有所不受」，把諸葛亮的哥哥趕回去。（東吳這點小小計謀怎能騙人。諸葛亮的哥哥，您老不必擔心家小的安危，孫權不會殺你一家啦。）

孫權見到諸葛瑾，派人前去荊州想逕自接收三城，都被關公趕跑。孫權屢次催討不成，埋怨魯肅（字子敬）：「子敬，你替東吳做了債權人簽名，孫權我算是授權給你了，那沒問題。但你做保證人，現在我要求保證人行使你的責任，替我去把荊州討回來。」

魯肅設宴於陸口寨外臨江亭上，修下請書，命人送請束帖過江邀請關公赴宴。

眾將勸關公不要過江，免遭歹人計籠之手。

馬良諫曰：「魯肅雖有長者之風，但是如今事急，很難他不會生起逆性之舉，做出非情手段，將軍不可輕往。」

雲長：「昔日春秋戰國時趙國，藺相如無縛雞之力，在澠池會上，視秦國君臣如無物；吾沙場殺敵誰人不知，既然已經答應於他，焉能失信。」

MAP 22

關公單刀赴會

　　臨行之前，吩咐關平準備快船十隻，等到對岸我軍紅旗一展，就過江前來接應。

　　魯肅命文武官員，列隊江邊迎接關公，雙方客套一番入席坐下。

　　宴席間，魯肅仗著武將在旁，又是身居東吳水陸軍大都督之職（職務賦予的責任和權力），酒過三巡之後，舉杯敬過關公，然後說：「故友有一句話想請君侯指教，若有冒犯之處，還請將軍多多包涵。」

　　「都督有何見教，請道其詳，某洗耳恭聽就是。」

　　魯肅說：「昔日令兄劉皇叔，委請肅在吾主面前，保借荊州暫住。雙方約定，等取得西川之後便要歸還。今天西川已得，荊州卻未還返，似有失信之疑。」

　　雲長：「此乃國家之事，筵間不必論之。」

　　魯肅：「吾主只有區區江東之地，為念使君兵敗遠來，無可

地點：台南開基武廟
作者：不詳
年代：不詳
藝類：交趾陶

　　1. 與人作保要非常小心，才不會被拖累了。

　　2. 這事也有兩個點可以討論。荊州的土地，到底是屬於劉備的呢？還是東吳的呢？原先是劉表的領地，但他死後，荊州劉琦獻給曹操，後來又被東吳和劉備爭來爭去，最後賣了個人情給魯肅，用「借的」？於是有了一連串的戲劇演出。不知道有沒有問問老百姓的意見否？

　　3. 魯肅講的也是有道理。關公（應該說作者自圓其說），說到無法接詞的時候，讓周倉站出來搶答；然後關公再出來喝斥中斷話題，同時也是下達命令，快去通知關平江接應要緊。

　　4. 東吳軍隊看主帥在人家手裡，怕傷了魯肅，不敢輕舉妄動。（有挾持人質保命的況味。）

　　5. 關公單刀赴會，一般都在看他的勇武氣勢。可是小說戲劇裡面，卻把理字放在中間的對話裡頭。

　　6. 歷史上單刀赴會的人不是關公，誰？恰恰是老好人魯肅，魯子敬是也。（有興趣的朋友可自行搜尋「單刀赴會」這個關鍵字。）

安身，情以荊州相借。今日已得益州，荊州自應見還；令兄皇叔也願先割三郡還之，可是君侯卻又不從，在道理上似也說不過去？」

雲長：「烏林之役，劉使君親冒矢石，戮力相助破敵，難道落得徒勞一場，卻無寸土聊以資報？如今足下竟又來索求荊州之地嗎？」

魯肅：「話也不是這樣講的。君侯最初與皇叔同敗於長坂坡，劉皇叔與君等，幾無立錐之所；吾主憐憫，皇叔身無處所，甘願無償借出荊襄之地，讓君等做為棲身之所以圖後功；可是皇叔昧德隳信，已得西川又占荊州，貪而背義，恐為天下人所恥笑，望君侯察之。」

雲長：「這是吾兄之事，非是關某所能決斷。」

魯肅：「子敬（魯肅的字，自稱）聞說，君侯與皇叔桃園結義，誓同生死。皇叔的事就是君侯的事，卻如何推托的一乾二淨？」

關公頓了一下，還沒回答，周倉卻在階下大聲回嘴：

「天下土地，惟有德者居之，豈是你們東吳說要怎樣的？」

關公一聽臉色大變，站起來奪過周倉所捧大刀，站在庭中，眼睛看著周倉，叱喝說：「這是國家大事，豈是你能插嘴的？還不快快離開！」

周倉會意，立時闖出亭去，來到岸邊把紅旗一招。對岸的關平看到，即時發船過江而來。

雲長右手提刀，左手拉著魯肅的手，假裝醉了，說：

「感謝都督設宴款待，關某醉了，荊州之事請勿再提，才不會傷卻故舊之情。另日請公荊州赴會，那時再作商議。」

魯肅看到關公發怒，又看他似醉一般；手被關公握著；文身人被武將的手一提，像大人提小雞一般，魂都快飛了。只知半個身體若行若飛；關公的臉本來就是紅色的，說是酒醉？誰知他是真醉還是假醉？他說了一堆，魯肅卻是半句也聽不清楚，只聽到：「都督，感謝雅意相請，關某別了。」

「將軍饒命，將軍饒命。」魯肅閉眼不敢看，口中念念有詞。
「大人，都督，人去遠了，關公已經過江去了。」

　　藐視吳臣若小兒，
　　單刀赴會敢平欺？
　　當年一段英雄氣，
　　尤勝相如在澠池。

延伸賞析

　　木雕雀替。雀替也叫插角或托木，這三個名辭常被混用。主要功能在穩定垂直角度的兩根柱狀的長條構件，如柱與梁或平行面的桌面底部，都可能隱藏這個小小的輔助物。

　　托木用在傳統木構建築裡面，常見如此裝飾的圖紋。這件作品和另一邊對仗的托木外形相似，就連大小也差不多，只是上面雕刻圖案不同，這種情形常出現在過去純手工切割的建築工法裡面。但隨著生產線的建立，左右同圖鏡射，幾成固定的常態。那樣的同圖鏡射木雕產品，在近二、三十年來修造新建的宮廟裡，已是固定的模式。

　　此圖是關公單刀赴會。關公手握魯肅正往外走，門外的周倉表示已經先行離開，準備前去岸邊召喚兵士備妥船隻，等候主帥到來就開船返回荊州。看到周倉望向門內的關公和魯肅，而關公斜著頭好像正對魯肅說些醉話的模樣（其實他是裝的）。但魯肅則縮肩低頭，一臉驚慌失色，勉強挪動那連四肢都不聽心意使喚的雙腳，跟著關公的步伐移動。

　　牆壁拱門把場景一分為二。底下有矮牆，牆內地面作平階狀，表現人在庭院步道上行走。院中的樹木和外面山石樹景又連在一起，讓兩個場景看來隔而不絕。讓此景好像在劇場舞台進行演出一樣，而觀者就像在戲台下的觀眾一般，正抬頭看著演員精彩的演出。

周倉　　　青龍刀　　關公拉著魯肅

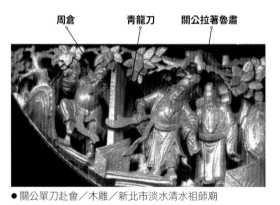
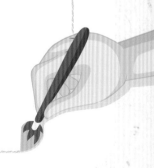

●關公單刀赴會／木雕／新北市淡水清水祖師廟

安居平五路

兵分五路

曹操死後曹丕繼位，曹丕胸懷大略志在天下，然而對時勢大局不很瞭然又一意孤行，出師攻打東吳孫權失敗。吳、魏正式決裂。

另一邊的劉備，成功取得益州漢中之後，不聽眾人苦勸，一意出兵想為關公報仇，不幸被陸遜營燒七百里，兵走白帝城。不久，身故白帝城，臨終之前託孤諸葛孔明。當時長子劉禪在成都顧守，只有二子和三子與孔明等人前往白帝城見他最後一面。劉備要幾個兄弟拜孔明為亞父；並囑咐孔明，幼主能扶則扶，不能扶則自立為王。這話讓孔明嚇到跪地叩頭，頭都磕出血來。

劉備新亡消息傳到魏國曹丕那裡，曹丕大喜過望，立時表示要趁機出兵攻打蜀漢的劉禪。有人諫止，但司馬懿卻挺身而出支持皇上的主意。

司馬懿：「若只起國中之兵極難取勝。必須用五路大兵四面夾攻，讓諸葛亮首尾不能救應，才有機會成功。」

曹丕：「哪五路兵？」

司馬懿提出精闢分析：

1. 可修書一封，差使往遼東鮮卑國，見國王軻比能，賂以金帛，令起遼西羌兵十萬，先從旱路取西平關：此一路也。

2. 再修書遣使齎官誥賞賜，直入南蠻，見蠻王孟獲，令起兵十萬攻打

MAP 23

地點：台南北門蚵寮保安宮岳府威靈　年代：不詳

作者：不詳　藝類：木雕（神房上木雕斗座）

益州、永昌、牂牁、越雋四郡，以擊西川之南：此二路也。

3. 再遣使入吳修好，許以割地，令孫權起兵十萬，攻兩川峽口，逕取涪城：此三路也。

4. 又可差使至降將孟達處，起上庸兵十萬，西攻漢中：此四路也。

5. 然後命大將軍曹真為大都督，提兵十萬，由京兆逕出陽平關取西川：此五路也。

　　「共大兵五十萬，五路並進。諸葛亮便有呂望之才，安能當此乎？」

　　魏王曹丕聽司馬懿之言，兵分五路（其中一路就是南蠻王孟獲），要讓蜀漢的孔明首尾不能兼顧。

孔明神算化危機

　　建興元年（蜀漢劉禪的年號）秋八月，忽有邊報說：「魏調五路大兵來取西川：第一路，曹真為大都督起兵十萬，取陽平關；第二路，反將孟達起上庸兵十萬，犯漢中；第三路東吳孫權，起精兵十萬，取峽口入川；第四路蠻王孟獲，起蠻兵十萬，犯益州四郡；第五路番王軻比能，起羌兵十萬，犯西平關，此五路兵馬甚是厲害。已先報知丞相，丞相不知為何？數日不出視事。」

　　正當群臣無策，諸葛丞相也都沒進宮和後主劉禪及眾文武百官議事。這一來可急死一干人等。劉禪聽說相父染病在家休養，命人到府請益，都不得其門而入，只好親臨相府。

　　後主到府，門官跪地迎接，並要通報孔明知道，但是阿斗卻不要他們通報。自己靜靜走進內堂，走到第三重門，才看到孔明在池邊看魚。後主看了好一陣子才開口：「丞相安樂否？」孔明一聽後主到來，急急跪地迎接。

　　孔明深知其意，告訴後主，五路兵馬已退，四路剩下一路，只要派一名能說善道的人，前往東吳遊說；五路兵馬自然能夠化解於無形之間。

假獅破真獅

關鍵人物與故事

孔明征南蠻

南蠻王孟獲起動蠻兵擾亂蜀漢邊界，諸葛孔明為北伐曹魏擬先定南方，向後主劉禪請旨出征。

雖然文武百官皆勸軍師莫要親自出馬，但軍師分析其中的利害關係：南方異族需以誠服心，若單以武力鎮之，恐是難以久安；於是仍然帶兵出征。

孔明點派趙子龍和魏延二位老將，加上王平、馬岱等將，浩浩蕩蕩向南而進。

南進之中，若有誠心降者皆重用，使其仍鎮舊地。如益州太守仍是高定擔任。

孔明帶領大軍一路前進，永昌太守王伉推薦名士呂凱，呂凱獻〈平蠻指掌圖〉，孔明聘為行軍教授兼鄉導官。

這裡要稍微說明一下，如果永昌沒有王伉堅守城池，老早就被孟獲攻進蜀中去了，而王伉能守住永昌，則是出自呂凱的運籌帷幄。

事說新語

野獸被人類馴養以後，確實可以依主人的指令做出確實的動作。可是，當牠面臨生死交關，或是發怒、發情的時期而「獸性大發」，做出傷害主人或他人的事情，也時有所聞。至於人類，也有獸性，只是經過演化之後，變成能夠驅使別的物種來服務自己。但人潛在的獸性，就看能不能永遠被自己降服而已。

MAP 24

蜀漢大軍進兵南蠻，孟獲靠著地形和風土氣候，連結南方土族力量抵抗。然而在孔明的奇兵之下，屢次讓孟獲被自己的人捉來獻功，孔明每次都讓孟獲討價還價，回去「重整旗鼓」再來相殺。

假獅破真獅

大家比較熟悉的是「假獅破真獅」這一段情節。說是孟獲請出木鹿大王出陣。這個木鹿大王，能驅動野獸替他作戰，簡單講就是這些虎豹豺狼、毒蛇猛獸，只會咬敵人，不會咬自己人。

孔明聽到趙子龍和魏延兵敗回報，只微微一笑，心想那二十個櫃子終於派上用途了。孔明命人把隨軍運來的其中十個紅色的櫃子打開，裡面裝著用木頭雕成猛獸形狀，再披上五彩斑斕的布服「假獅」；裡面裝著硫磺焰硝，每頭假獸可坐十人，約有一百頭。

兩軍再次對陣。孔明坐著孔明車，綸巾羽扇身穿道袍端坐在車上。孟獲看到對木鹿大王說：「他就是孔明，快放野獸去吃他。」

木鹿大王立刻搖起蒂鐘，念起咒語，剎時間烏天暗地，狂風捲動山間草木樹葉，很是嚇人。同時間不知道從哪裡跑出來的，各種猛獸狂吼亂叫，好像隨時都要衝上來吃人一樣。蜀軍個個膽戰心驚。

只見孔明緩緩站起身來，把手中的羽扇朝天一指，頓時風停日出。軍師的羽扇，向前一揮，意思是命令推著假獅的兵士點燃引信，同時推著假獅向敵陣衝去。

假獸會噴出火焰，一字排開的噴著火。木鹿大王的野獸大軍，一看對方每隻都長的比自己還大還兇的巨獸，還會吐火，嚇得急轉回頭朝蠻兵陣裡衝去。動物怕火是天性，逃命，反方向的奔逃；已經餓了幾天的飢獸，還分什麼人種膚色。撲得上的就抓，抓得到的就咬，逃命兼吃飯。

木鹿大王戰死，孟獲第六次被捉。

地點：台南總趕宮
作者：陳壽彝
年代：約1966年
藝類：彩繪

天水關

諸葛亮收姜維

孔明出師表

　　孔明征服南蠻班師回朝。經過一段時間養精蓄銳厚實國力，國富民強。孔明念念不忘先帝劉備三顧茅廬知遇之恩，決心北伐曹魏匡扶漢室，於是上〈出師表〉請旨。幼主劉禪阿斗雖然不捨亞父孔明勞碌為國，卻也無可拒絕亞父報答先主之心。

　　孔明帳中點兵，魏延、馬岱與一班小將關興、張苞皆有重任。忽然間趙雲衝入帥帳請令。年過花甲的老將軍趙子龍，為報皇叔知遇之恩，不惜年紀老邁，主動請纓隨軍北伐。孔明見子龍雖然白髮蒼蒼，但看他精神體力不遜青壯少年，便答應他的要求，但有條件；要讓馬岱與他同行方可應允，子龍同意。兩人同為先鋒官，趙雲為主將，馬岱副之。

　　曹魏這邊，夏侯楙貴為駙馬之尊，主動請令抵擋蜀漢大軍。夏侯楙發出軍令，西涼這邊出韓當相助。

　　趙子龍老當益壯，一員力敵韓當父子五將，斬四擒一，聲威大展。雖然後面遭遇敵軍圍困，幸有關興、張苞相救，仍然全身而退。

　　曹將夏侯楙兵敗南安郡中。蜀軍兵圍南安，孔明隨後到位。

用計天水關

　　孔明用調虎離山計。成功騙走安定太守崔諒，又把他捉到。再叫

MAP 25

崔諒到南安郡招降太守楊陵，請他把夏侯楙捉來獻降。

天水關太守馬遵準備出城到南安郡救夏侯駙馬，姜維站出來阻止：「大人，這是孔明的詭計，安定太守崔諒已經被擒，如今我軍並未聽聞風吹草動，如果冒然帶兵出城營救駙馬。萬一被敵人趁虛而入，豈不自陷危險之地。」

「可是駙馬乃萬金之軀，吾等若坐視不管，屆時主上怪罪下來，吾等豈能自脫其罪？」

「大人，既然如此，何不如此如此，這般這般。到時進退有據，一來可保城池，二者也可探知敵方陰謀。」

馬遵同意姜維的計策。馬遵帶領大軍出城三十里之地，將前軍改為後軍，後軍變成前軍，急返天水關。

趙子龍遇上姜伯約，兩人一老一少爭強鬥勝。姜維智鬥孔明，此陣孔明敗戰回轉大營召集眾將檢討。

趙子龍向孔明大嘆，姜維真是百中難尋的好對手，智勇雙全。

「能讓子龍讚譽的敵手，堪稱人才矣！來人，找幾個投降的安定軍入帳中來，吾有說要問。」

「姜維字伯約，冀縣人氏，父已歿，與母相依為命，事母至孝。聽說雖有滿腹才華，卻未受太守馬遵重用。」

（可是，為何此時卻讓馬遵聽從伊的諫議呢？）孔明陷入沉思。

天水關下，姜維喊冤。城上箭矢齊發，馬遵命兵士大罵：

「背主求榮的小人，姜伯約；昨夜在城下討戰者是誰？」

「昨夜我冀城與蜀軍大戰至今，現在才趕到城下，昨夜又是誰假冒姜伯約呢？」

天水關馬遵不能接納姜維，姜維又往上邽尋求救援，守城將不肯相信姜維未降蜀漢孔明。姜維不得已勒馬轉道欲往長安向魏主申訴。姜維一人一騎來到茂密森林之中停馬歇息。溪水淺淺，放馬飲河。想想自己一心為國，無疑落得如此下場。母親在冀縣家中不知安否？

「伯約，勿驚勿疑，吾在此等汝久矣～」

孔明天水關收姜維到此告一段落。

地點：台南楠西北極殿

作者：九龍畫室汪日清畫

年代：1976年

藝類：彩繪

空城計

孔明反間司馬懿

　　早在劉備白帝城托孤於孔明，後主劉禪初初登基之時，曹魏司馬懿建言魏主曹丕，兵出五路，欲奪蜀漢基業。孔明「安居平五路」，嚇退五路兵馬，魏國不敢窺伺蜀國根基，魏蜀取得短暫的和平。

　　曹丕駕崩，曹叡登基；孔明為北伐之計，恐司馬懿在而感障礙。參軍馬謖獻計，命細作在洛陽、鄴郡往來之道，散布流言。說司馬懿有造反之心；想讓曹叡親手除掉這個心腹之患。曹軍鄴城守城兵士，在城門上發現一紙以司馬驃騎大將軍總領雍、涼等處兵馬事司馬懿的身分發出的檄文。大意是太祖武皇帝（曹操）原要立曹植為諸君，後被奸人進讒才改立曹丕，今曹叡無德，請天下共討，迎立有德新君曹子建。這個計策雖然沒讓司馬懿喪命，卻也讓他歸隱山林，不得參與曹魏政事。

司馬懿回鍋鬥孔明

　　孔明初出祈山，得南安三郡聲勢日大。曹叡嚇到了，早朝時，太傅鍾繇出班啟奏，再度推薦司馬懿重回朝班以克孔明攻勢。

　　司馬懿接到聖旨還未回覆給曹叡朝廷，立即調兵遣將，把準備造反的前蜀將孟達斬于馬下。回朝之後正式帶兵協助曹真。孔明不聽先主臨終之言錯用馬謖，加上司馬懿用兵如神，街亭失守。

　　司馬懿是少數能讓孔明心驚的人；但孔明畢竟有過人的智慧與勇氣。

MAP 26

空城計

地點：台南八吉境關帝廳
作者：不詳
年代：不詳
藝類：木雕

孔明坐鎮西城調兵遣將出外行事，忽然間聽到司馬懿帶兵來攻，城內只剩老弱殘兵。

只見他臨危不亂指揮若定；他命令兵士偃旗息鼓。並且傳令，大開城門。又下令，每一門用二十個兵士扮作百姓灑掃街道；嚴禁他們交頭接耳，違令者斬。

自己披鶴氅、戴綸巾，帶著二名小童，攜琴一張，在敵樓上憑欄而坐，焚香操琴。

司馬懿帶著大軍和兩個兒子司馬師、司馬昭前來。前哨看到這幅景象，不敢冒然進城，急報司馬懿。司馬懿不相信孔明敢不動兵馬又大開城門，自己騎著快馬來到城下觀望。殺氣全無，諸葛亮在賣弄什麼玄虛呢？……

司馬懿問城下掃地的百姓：城裡有多少兵馬？二千，三千？

（不能講話，不然砍頭；只能伸出手來亂比一通。）

司馬懿不敢冒險，下令退兵。

次子司馬昭問：「莫非諸葛亮無軍，故作此態。父親何故便退兵？」

懿曰：「亮平生謹慎，不會弄險，今大開城門必有埋伏，我兵若進，中其計也，汝輩焉知？宜速退！」

徐母罵曹｜
後壁泰安宮

10

 苦肉計｜
北門永隆宮

 張飛夜戰馬超｜
北門新圍新寶宮

21

23

13

安居平五路｜
北門蚵寮保安宮
岳府威靈

 華容道｜
下營茅港尾天后宮

14

● 吉慶／剪黏／台南
北門永隆宮

 龍鳳呈祥｜
佳里金唐殿

16

 灞橋贈袍｜
善化慶安宮

7

● 李儒進言勸董卓讓貂嬋與布／彩繪／台南善化慶安宮

● 府城名匾，一字匾／古文
物／台南天壇

 取長沙｜
台南天壇

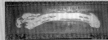 許褚裸衣戰馬超｜
新化保生大帝廟

20

5

● 志公度梁武／彩繪／台南灣裡保安宮

北區 15

永康區 新化區

古城會｜
灣裡保安宮

8

安平區
中西區
東區

 轅門射戟｜
新化武安宮

單騎救主｜
仁德二層行公堂

11

1

 劉關張桃園結義｜
仁德萬龍宮

仁德區

● 王質爛柯／彩繪／台南仁德二層行公堂

232

白河區

戰宛城｜
白河大排竹六順宮

6

● 麻姑獻瑞／
泥塑彩繪／
台南白河大
排竹六順宮

嘉義溪口鄉

● 賀知章回鄉偶書
／彩繪／嘉義溪
口北極殿

破黃巾英雄立功｜
嘉義溪口北極殿

2

東山區

1. 劉關張桃園結義｜ 仁德萬龍宮

● 封神演義廣成子大破金光陣／石雕
飾片／台南仁德萬龍宮

5. 轅門射戟｜ 新化武安宮

● 孟母敎
子／石
雕飾片
／台南
新化武
安宮

14. 華容道｜ 下營茅港尾天后宮

● 曹丕乘亂納甄氏
／彩繪／台南下
營茅港尾天后宮

天水關｜
楠西北極殿

25

玉井區　　　　　楠西區

18

21. 張飛夜戰馬超｜ 北門新圍新寶宮

以民間戲曲小說做為宮廟裝飾主題，幾乎是各家匠人的習慣。但要推陳出新，
往往得靠著敏銳的觀察和文學藝術的閱讀；像這件題名為七俠五義的肖像畫，
感覺上連說書人也登場了？看他戴著圓框的太陽眼鏡，像不像舊時書畫或戲劇
才會出場的引言人呢？

● 七俠五義／彩繪潘麗水作／台南北門新圍新寶宮

黃鶴樓｜
玉井盤古殿

蔡草如是府城名家陳玉峰的外
甥，也是他的高徒。他的作品在
民間建築裡頭，若遇到有識的智
者，常見用心呵護，想辦法延續
作品的藝術生命。就像這裡，讓
人對主事團隊倍感尊敬。

● 財子壽／蔡草如畫／壁畫／台
南玉井盤古殿

25. 天水關｜ 楠西北極殿

把
當
代
風
情
融
入
民
間
裝
飾
藝
術
，
在
日
治
時

期所修建的宮廟，還不算少見。像這件以
簡單的線條，用鏤空的方式表現出街道風
情。兩旁有幾棵像大王椰子的行道樹，帶
著一縷南洋熱帶風情，還有圓頂的建築和
類以西洋的房舍，馬路上可見一輛汽車，
中間好像有人站在高台上指揮交通。讓人
看了不禁多了些異國風情的雅趣。

● 洋房汽車／隔扇枋心木雕／台南楠西北極
殿

20. 許褚裸衣戰馬超｜
新化保生大帝廟

● 哼哈二將顯神通／剪黏交趾陶
／台南新化保生大帝廟

3. 虎牢關三英戰呂布 ｜ 台南府城文朱殿

● 白蛇傳之白娘娘水漫金山寺／彩繪／台南府城文朱殿

關公單刀赴會 ｜
台南開基武廟

回荊州 ｜
台南三山國王廟

虎牢關三英戰呂布 ｜
台南府城文朱殿

曹操大宴銅雀台 ｜
台南興濟宮

假獅破真獅 ｜
台南總趕宮

張飛斷橋 ｜
台南臺灣府城隍廟

空城計 ｜
台南八吉境關帝廳

董太師大鬧鳳儀亭 ｜
台南市東嶽殿

17　19
北區
22　12
3
24　4
中西區
26

東區

南區　仁德區

歸仁區

● 畫龍點睛／木雕托木／台南市東嶽殿

24. 假獅破真獅 ｜ 台南總趕宮

● 未央宮呂后斬韓信／彩繪／台南八吉境關帝廳

26. 空城計 ｜ 台南八吉境關帝廳

● 未央宮呂后斬韓信／彩繪／台南八吉境關帝廳

大內區

山上區

玉井區

新化區

南化區

左鎮區

小霸王怒斬于吉｜
新化天壇護安宮

● 二十八星宿／剪黏／台南新化天壇護安宮

● 吹簫吹鳳／泥塑加洗石子工藝／台南佳里金唐殿

16. 龍鳳呈祥｜佳里金唐殿

蕭史乘龍，弄玉乘鳳，最後兩人都修成正果。乘龍快婿的成語就是在說這個故事。這件在正殿的外牆上，以泥塑先堆出形狀與輪廓，再把拌著細沙的細石子黏上，等水泥和細石黏著之後，再小心的用水把細沙沖洗掉，留下美麗的圖案。

17. 回荊州｜台南三山國王廟

● 八仙拱壽／古式剪黏／台南三山國王廟

19. 曹操大宴銅雀台｜台南興濟宮

以三十六天罡和七十二地煞星宿表現的大壁畫，配合供奉的主神身分，把一座宮廟布成一座精美的藝術殿堂。人物的頭部只呈現正面半立體樣；服飾冠冕座騎再以顏料染色。邊框有烘托主題的功能；另用軟硬不同的線條勾勒出盤長或方勝或螭虎造型，以增加主題的華麗感。

● 三十六官將對看堵／泥塑加彩繪／台南興濟宮

23. 安居平五路｜北門蚵寮保安宮岳府威靈

● 烽劍春秋金光陣／木雕員光／台南北門蚵寮保安宮岳府威靈

22. 關公單刀赴會｜台南開基武廟

憨（常見寫成「憨」）番扛廟角，在民間裝飾藝術中常見於宮廟之間。有的置於斗栱之間，便有了不同的稱呼──憨番扛大杉或憨番頂斗。這類飾物大半是粗獷的猛男造型，通常會讓他們赤裸著上身。有的還會替他們畫上胸毛，或給他們做成大鬍子的壯男形象，凸顯出力大無窮的氣勢。

● 憨番扛廟角／泥塑剪黏／台南開基武廟

12. 張飛斷橋｜台南臺灣府城隍廟

城隍爺，在民間信仰之中，凡人歲算結束的時候都必經城隍老爺這關，然後再往下一個旅程前進。因此，「爾來了，終於你也來了。」就變成人生的終點站；總有一天祂會等到你的。這方匾額放在城隍廟裡，更有警戒世人──諸惡莫作眾善奉行，死後才會被神佛接引再去修行；不用被打入幽冥地府受苦的意思。

● 「爾來了」名匾（下方有天官賜福）／古文物／台南臺灣府城隍廟

亂世與
盛世故事
在高屏

廉頗負荊請罪

藺相如完璧歸趙，又在澠池大會替趙王保存了顏面，保存趙國尊嚴。回國一個月後，受到趙王封為上卿。

上朝時，藺相如的排班位置，在廉頗的前面（右側）。廉頗覺得對方出身卑微，又只呈口舌之能，居然排次在自己（憑著戰功保衛國家的官位）前面，感覺被羞辱了。

廉頗不服，他對家裡的人說：區區一個太監家的舍人（舍人，古代有權力地位的人，會養一群人替他做事。譬如春秋五霸裡的孟嘗君，據說就有食客三千。）居然比一個威震敵國的大將軍的官位高。藺～相如，不要被我看到，看到，見一次打一次，以消我心頭怨氣。

藺相如知道之後，為了不想和廉頗發生爭執，連續幾天都請病假沒上朝議事。

廉頗在朝中沒看藺相如，以為藺相如真的不如自己。更是自覺了不起，對底下的人說出輕蔑他的話來。

但藺相如卻跟底下的人說，在外面若遇到廉將軍的人找麻煩，要讓他們，不要跟對方吵架。幾次之後，對方越過分，相如這邊的人覺得大家都是拋下自己的家人來追隨一個高義的人，可是今天，老闆怕廉將軍怕成這個樣子，再跟隨下去，恐怕我們也要受世人瞧不起自己了。於是聯合起來向藺相如提出辭呈，說要離開，另謀他途。

藺相如反問眾人說：「秦國和廉頗相比，哪個強大？」

藺家的人們回答：「當然是強秦啊！」

MAP 01

地點：屏東港檨林宮共心堂

作者：丁清石

年代：1993年

藝類：彩繪

「既然知道是秦王比較強大。在澠池大會之上，我為了保家衛國，都敢當面斥喝他們，並且要秦王為我主擊缶（古時一種樂器）；大家怎麼還會覺得我怕廉將軍呢？因為我想過，秦國之所以不敢侵犯趙國，就是因為趙國有我和廉將軍兩人。要是我們兩人不和的事情被秦國知道（吵架給外人看），就會趁機來侵犯趙國。因為這個緣故，我忍一下又怎樣。」

河東人虞卿（一個旁觀者）來到趙國，虞卿對趙王說：「臣聽說在以前的臣子們會互相提醒，用他人的長處補自己的短處，一起保護國家社稷。今天大王所倚重的兩位重臣，卻如水火不能相容；這種事情，在臣看來並不是社稷之福。（藺相如越是退讓），但廉將軍卻不能體諒他的心意；（廉將軍越是驕妄），藺相並不想折刲他的氣焰。（為相者在朝中不能互相討論，為將不能相互體恤）。臣，深為大王擔憂！」

趙王問：「這該如何是好啊？」

虞卿說：「臣自願替他將相講和，好讓他們同心輔佐大王。」

趙王聽到虞卿說完說：「孤一時間沒想到這層，幸有賢愛卿提醒，這件事情就有勞愛卿了。」

虞卿去拜見廉頗，把事情的嚴重性跟他說明。廉頗想通之後，知道藺相如的用心，就裸著上身，背著荊條，跑到藺相如的家裏去請罪。

兩人誤會冰釋，向天銘誓，就算是把刀架在脖子上，也永不背棄這樣的良朋益友。一同為趙國奉獻心力，保護國家。

延伸賞析

宏偉的宮殿建築只截取底部的柱子和柱礎樓梯。遠方有暗綠的屋頂，正中間則放一叢老樹，老樹旁邊有假山石舖景，呼應左下方的壽山石和葉子掉光的雜木。鬚髮盡白的廉頗，赤裸著上身，背著一根竹子（有些會畫成荊條）。身穿袍服頭戴冠帽的藺相如，彎腰伸出雙手，這個舉動很清楚的表現，藺相如對廉頗的尊敬。

背後的雙手抱胸童子，代表藺相如家中其他人對廉頗之前的無禮，替主人感到不平。畫師把他安排在這裡，襯托出宰相肚裡能撐船的雅量。

紫氣東來

老子

老子西出函谷關？身為周室的圖書館館長，為什麼要拋卻官位離去？

古代難道不是以忠孝節義治世，身為一個朝廷官員，因為不忍看到周室的衰落，就要遠避他去，會不會讓人覺得矛盾？

又有人說老子是要避禍才離開周。

老子的生平，史上都用「？」問號表達。

關於他的大作——五千字的〈道德經〉，要從函谷關的關令尹（有的說他叫尹喜。可是又有人說那是「函谷關令尹喜曰」斷句出的問題，應該是「函谷關令尹，喜（高興）的說」。不管怎樣，近代熟悉的是函谷關令尹喜，連著幾天凌晨天將亮未亮之際，東方都有紫氣往關而來——「紫氣東來」。

紫氣東來出奇人

尹喜命關兵打掃街道，好迎接聖人到來。並且命人在東門外數里的地方開始，留意自東方而來的奇人。一旦發現，立即通報給自己知道，以便出城迎接聖人到來。

老子出現在函谷關前，可是關令尹喜派出來的人卻把他跟丟了。老子在函谷關外，看到兵士對百姓的欺凌，心生不平。周天子的天

MAP 02

地點：屏東東港東隆宮

作者：不詳

年代：不詳

藝類：木雕暨材

下，不應該發生這種事情！可是連皇室都為了繼承而兵戎相見了，遠在天外的邊關，兵丁仗勢欺人又有什麼稀奇呢？老子身邊的童子徐甲，跟主人這麼說著。

（總是不能對人性失望，不是每個當差的都那樣。）

關令尹喜終於找到老子。老子沒有通關文書，入不了關，也出不了函谷關。尹喜親自送上入關的文憑來給老子，並且恭敬的把聖人迎進城裡。

騎著青牛的老子在函谷關，受到尹喜熱誠招待。老子留下五千字的道德經傳世。

紫氣東來也常被用在賀辭之上，表示喜事來臨的意思。有時會寫上西出函谷關，

老子騎牛圖也可稱為紫氣東來。

延伸賞析

北港朝天宮裡的員光木雕。空間場景以山石地坡和城門、亭台、樹木，或當背景，或為前景。小橋、寶塔隔出不同時空的人物正在進行的動作。

從右到左解讀，可以是關令尹喜剛走出城準備去迎接「聖人駕臨」。一個轉彎可以看到被隨從擁護向前的尹喜。涼傘（娘傘）是他身分地位的象徵。中間亭子裡頭擺著供桌上有宣爐，表示要迎接的對象身分很崇高。

老子騎著青牛，從左邊的山裡剛才走出羊腸小徑，來到平原大地。橋上的小童想把青牛接往橋上，準備進入函谷關。

畫面的安排，有迂迴的山間小路，也有平面像在展開圖卷的趣味。一局一局隨著展畫的人，把畫境情節漸次開啟。

木雕構件在建築物裡，常見安金化色表現。有的會全面安金或塗上珍珠漆仿金箔處理。除了金箔純度影響價格之外，工法技術都得考慮廟方的財力，和識人識才的能力。當然還是一句老話，東西做好它會替人講話。美醜？都在人心。取個公約數罷了，沒有絕對的好或不好。

老子與隨從和牧童　　準備接駕的官員人等　　關令尹喜出城　　函谷關

● 紫氣東來老子過關／木雕員光／雲林北港朝天宮

　　這組應該是桌子裙堵的裝飾作品。常見的樣式有上下兩層。上層常見小格栯連，上面或宮名或三仙或八仙拱壽等等吉瑞圖。下層或做蟠龍圖或三仙圖不等。

　　這裡出現的老子對王母娘娘的故事，有男仙對女仙的意思，道祖太上老君對著女神領袖王母娘娘。男對女也有陰陽對仗的意境。

① 老子過關 / 鹿港天后宮

喔～桌子裙堵還較少注意到，下次也來仔細看看上面的故事。

② 西王母下凡塵 / 鹿港天后宮

　　都是老子的吉瑞圖。一則以迎紫氣東來，一個是西出函關。恰可形成「有進有出」的俗話。

　　作品屬近代鋼筋混凝土，建構的宮廟表層的裝飾構件，此類製品取其價廉物美為主。

③ 紫氣東來 / 彰化社頭崙仔庄天門宮

④ 出函谷關 / 彰化社頭崙仔庄天門宮

好耶～

我們來去廟裡看看工藝裝飾的圖案故事，也順道去廟口吃東西。

張良圯上受書

六國遺臣張良

秦始皇吞六國之後，被併吞滅亡的各國遺民，對秦始皇的施政深感怨恨。有的想替故主復仇，有的想救贖天下蒼生於水火之中。

韓國舊臣遺族的張良，散盡家財尋找能人異士，刺殺秦始皇失敗；誤擊副車，隱姓埋名四處逃亡。

這一天來到下邳，獨自在一條橋上沉思。忽然間被一個老人呶嘴喚叫：「少年也，替我把那隻鞋撿過來。」

張良被打斷思緒，又看那老人無禮召喚自己，心感不悅。拳頭捏著想上去捶他一頓發洩一下。但想想，自己身為逃犯，若再衝動，恐怕反而造成無謂的傷害。心一轉念，立時看到那個老人的行動，已然遲頓。唯一靈活的恐怕只剩那張嘴吧！於是走到橋下，把老人的鞋撿起來，送到老人的面前。

事說
新語

古代有專門教導有才華的人，尋覓堪可治理天下以成就豐功偉業的明君。他們就算不能當一個良相，也能做一名良醫。良相醫國，良醫醫人，而傳授者常以仙人之姿現身。在尋覓的過程中，也常用名利美色做為考驗，另外再加上試煉七情六欲。

其實，黃石公是在選個能夠識人的良臣，而張良才是在尋找足可建立帝業的人——明君，但明君好像只要有天命，誰都可以擔任。至於被天所託付的人，是昏君、暴君、明君還是愚君，身為百姓的云云眾生，好像沒得選擇。

MAP 03

地點：屏東車城福安宮　作者：工廠製品　年代：近代　藝類：石雕

「老人家，鞋。」

老人抬起腳來說：「替我穿上。」

張良頓了一下，有點無奈的替老人穿上。

但是老人不知道有意，還是無意，竟然把腳上的鞋甩出，然後又叫張良把鞋撿來給他。張良，看到老人這些舉動，心想～可能他年紀大了，掌握能力欠佳，才會又把鞋子甩到橋下。

再度忍住怒氣（火氣一升，即消），走到橋下去把鞋撿回來；不等老人叫喚就主動跪下（跟第一次的動作一樣；自然的姿勢。當一個人坐著，要替他穿鞋的人，必要單膝下跪才好做事。）替老人穿鞋。（老人看他跪下，也立即把腳抬起來。）

鞋，又替老人穿好了。老人站起身來。老人似乎有意測試腳上的鞋穿得牢不牢靠，把腳抬起用力的前後甩動。結果，鞋真的又飛到橋下去了。

張良，無言。老人，再度坐下，坐在那剛剛坐的那塊褐黃色大石上。

「少年也，還要教嗎？」

張良的表情，平靜。恭敬的走下橋去，第三次把鞋撿回來替老人穿上。

老人站起來，一樣用腳測試牢度。然後走開，一句話也沒說。張良眼睛望著老人的背影慢慢變小，變小。忽然間看到老人轉身回頭走來。

張良看到老人朝自己走來，兩隻眼睛好像看到一個熟悉的老人一樣，臉色不像之前那麼冷漠。

老人走到張良眼前，跟他說了一句千古名言：「『儒子可教也』。五日後早點來這個地方。我有東西要給你。」然後老人轉身離開張良而去。

張良圯上受書

圯上受書

張良，過了五天之後，張良到達圯橋的時候，老人已經到了。老人看到張良來到面對，開口就對張良説：「跟老人家約會，怎麼可以讓年長的人等年紀小的人。回去，五日後再來。」

又過五日以後，張良一大早就趕到圯橋。天才剛亮吧！但老人已在。

「切，貪睡的年輕人怎麼做大事？回去，回去，五天後再來吧。」

張良心想，又沒説時間；這要怎麼比老人早到呢？

第四天的黃昏，張良吃過晚飯又梳洗一番，趁著月色，信步往圯橋上走去。夜涼如水。空中的上弦月高掛。亥時末前，張良來到那顆大石上坐下。

子時，半夜的十一點到翌日的一點之間。

就算老人要早，也早不過我前一天就來這裡等候的早吧！

張良這麼想著。然而，老人沒出現。老人沒説哪個時辰見面，所以也不算是遲到。但上次是天光的卯時（早上五點到七點之間）。今天辰時（早上七點到九點之間）都過了，老人卻還沒出現。但張良依然耐著性子等候，不！應該説張良心情平靜的等候老人。

日頭早就曬得人發昏了，張良隨著樹蔭移動自己。（如果連這個也要人教，老人大概也不會看中張良了。）巳時到來，老人現身。老人一身道服，扶著竹杖，飄然而來。張良看到老人遠遠而來，立刻跪在地上恭迎老人並且説：「願受教。」

老人對他説：

「你還年輕，若能勤心就學，他日貴顯，成為帝王之師；幸，汝吾於今相遇，實乃千載難逢，授你秘書三卷，扶立真主，名垂萬世，

與日月爭光，切莫辜負吾之苦心也。」

　　張良向老人跪求：「請教大名。」

　　老人說：「十三年後，大谷城東葬一國君空地內，得黃石一片，那就是我。」

　　老人說完飄然而去。張良把書藏在身上，回去打開一看，名為《素書》（一般稱為兵書）。從此暗讀默記，自覺心胸開豁，識見精明，與前迥然不同也。

延 伸 賞 析

　　畫中只見一老一少兩人。老者頂上白髮已然落盡，只剩耳上幾縷霜白和雪白的長鬚。背後一頂草笠，坐在石階之上。（石階隱意圯橋）

　　黑髮青衫的年輕人跪地拜謝，這時黃石老人手上的書卷，是少年家對他叩謝的原因。遠方的樹叢和近樹綠葉，以墨點染再上青綠色彩。天空及地面連同橋面石皮，全以褐色做濃淡褪暈處理。

　　人物線條簡潔俐落，更增全局清爽。中間空白處題上畫作的說明，並落款施作的歲次季節。

　　作品或因顏料的關係？或因歲月的淘洗，呈現冰裂竹紋的現象（龜裂）。幸無大礙，不影響畫作的解讀與欣賞。

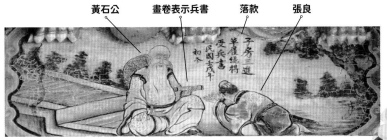

黃石公　　　畫卷表示兵書　　　落款　　　張良

●圯上受書／1982 年／彩繪／台南後壁旌忠廟

劉邦斬白蛇起義

豪氣劉邦

　　劉邦年輕的時候，就展現不凡的豪氣。看到秦始皇的車駕竟然說大丈夫應該就要像這樣。只是，他是個農夫之子，可是偏不愛下田農做。一天到晚跟一些人胡混。

　　有一次沛縣的縣令呂公請客，因為賓客太多，縣吏蕭何建議以送來的禮金多寡分配座位。二千金的人坐哪裡，一千金的又坐哪裡，都有個標準。劉邦知道了也跑去赴宴。來到門口蕭何問劉邦，禮金送多少？劉邦說，一萬。但卻一文都沒有。就主動坐到上坐去了。

　　呂公聽蕭何稟報，卻說沒關係。呂公對蕭何說此人從面相來看，貴不可當，上座對他來說，還嫌寒酸呢。

　　「但他一毛錢都沒送，這？」

　　「無妨，我還想把女兒許配給他呢。」

　　日後，發生了劉邦押送人犯，要去蓋阿房宮中途，犯人逃掉很多人。劉邦禁又禁不了。根據大秦的律令，押送的犯人逃走了，奉命押送的人也要受罰，被處死。劉邦想了想，就把剩下的罪犯都放掉了，讓他們自尋活路各自逃生。然後跟大家說：你們逃亡，我也要去逃命了。有的覺得劉邦是個可以跟隨的人，主動留下來和劉邦一起逃亡。

MAP 04

夜斬白蛇

　　劉邦放走罪犯之後逃亡避禍。有罪犯十多人卻自願跟隨劉邦吃苦。一行人利用夜色前進，又怕被人發現，只走小路。眾人喝了點酒壯膽。走著走著，劉邦聽到前面的人大聲喧嘩。往前一看才知道情況，原來有隻白蛇橫在路上，劉邦醉眼朦朧抽出寶劍斬了白蛇繼續前進，走沒多遠劉邦酒氣上湧，眾人就找個僻靜的地方休息，醒來已經是早上了。

　　有人告訴劉邦一件怪事。說有一個老婦人在路上哭，問他哭什麼？她指路邊的蛇說：我兒子被殺死了怎能不傷心。她又說兒子是白帝的兒子，因為喝醉酒變成蛇形在路邊睡覺，沒想到竟然被赤帝之子殺死了。那個婆婆還說，白帝之子被赤帝之子從中間砍斷，日後就要從中間奪漢室江山。

　　劉邦從此以赤帝之子自居，連後來起事所用的大旗也是用紅色的做為旗號。

地點：屏東東港延平路福安宮　年代：不詳

作者：東港坤輝彩色　藝類：彩繪

延伸賞析

　　簡單的劇情，簡單的布局，要把這麼簡單的情節變成豐富的畫面，沒個高超的技能，恐怕會變成類犬之作。

　　中年壯漢飾演劉邦，他的身型比例占了畫面四分之一強。若把寶劍算進來，等於一半都是他的天下。

　　山石在右上方露出一點，中間樹葉低垂。把原本不大的篇幅，反而壓出深遠的情境。線條用色濃厚，遠近景用同色深淺不一的方式點染處理。

　　灌木雜樹林，變紅色的樹葉跟劉邦的紅褲，讓畫面有了平衡感。青綠的近景，草，填塞空白之外，也處理了白蛇沒出現的部分。題字，就當作輔助說明了。

劉邦　　　　白帝之子

● 漢高祖斬白蛇 / 彩繪 / 台南灣裡萬年殿

趙高指鹿為馬

馬為鹿指高趙

　　秦始皇吞六國自封始皇帝。但在外巡視天下途中，駕崩了。趙高與一班臣子矯詔，扶植胡亥登基，稱為秦二世。可是趙高野心勃勃，還想要篡奪皇位。但他想知道，有誰是和他站在同一邊的，於是他想到一個辦法。

　　一天早朝，趙高牽一頭鹿來到金鑾殿上，對著皇帝說：「陛下，臣要獻上一匹寶馬給皇上。」

　　秦二世一看，明明是一頭鹿，怎麼說是一匹馬呢？

　　就笑著對趙高說：「丞相弄錯了，這是一隻鹿，你怎麼說是馬呢？」

　　趙高回答：「這確是一匹千里馬。聖上，您看錯了。」

　　秦二世疑說：「那頭上怎麼會長角？」

　　　　說新語事　　這種以奸臣得勢、作威作福的故事，雖然偶而出現在神明殿堂，但善以為人講戲者，不會把它當做典範在教導子弟。

　　　　　　不過現實社會裡面，似這般指黑為白，指鹿為馬的事情並不少見。有的是不明就裡人云亦云，有的是明知故犯，刻意左右風向。

MAP 05

趙高轉身向著大臣們說：「陛下若不信我的話，可以問問諸位大臣。」

眾人敢怒不敢言。秦二世看到這種情況，也只好跟著說馬就馬吧。退班。

趙高看到眾文武無人敢與他作對，連皇帝也拿他沒奈何。反過頭說：

像這樣無能的昏君，連鹿馬都分不清的腦袋，不廢掉重立新君，我大秦天下如何成就大業？於是秦二世被逼自殺，子嬰繼位。

子嬰繼位之後，先下手為強，殺趙高三族。

地點：屏東東港鎮海宮

作者：伍進生團隊

年代：2015年

藝類：彩繪

延伸賞析

底色像是有意仿古色舊紙以橙黃色表現？正中間一名大官，手指前方的梅花鹿，頭卻轉向案桌後面，好像正在講話。少年皇帝秦二世胡亥，則低下頭來好像連話都不敢哼一聲。

濃墨的線條，粗細分明的筆法，勾勒出一場奸臣當道欺壓皇上的大戲。除了紫色之外，其他的色彩幾乎要溶入整個空間之中。這樣的設計，把唯我獨尊「指鹿為馬」的大奸臣，給拱得更加明顯了。而那位白鬍老臣？仗著年高位尊，還在與他抗衡跟奸臣辯理？恐怕那也將像日薄西山一樣，挨不久了。

鹿　　　　　　趙高　　　　　　秦二世胡亥

●趙高指鹿為馬／彩繪／屏東東港鎮海宮

蕭何月下追韓信

　　韓信多次向項羽獻策都不被採納，剛好張良發現他的才華，要他去劉邦那裡。人是到了，但劉邦也沒重用他；丞相蕭何知道韓信的才能，再三再四的向劉邦推讚。問題卻因為韓信曾受過他人的胯下之辱，覺得這個人不像丞相蕭何所講的那麼有才幹。雖然一個月給韓信升了三次官，但蕭何仍然覺得不夠。

　　韓信自己本來想以自己的才華讓劉邦折服，因此沒把張良的角書拿給蕭何看。韓信想，與其呆呆的空等他人的召喚，不如略施小計激他蕭何一下，如何讓胸中大志獲得重用？韓信利用一個月夜策馬出城。等到蕭何獲報，已經是第二天近午時分。蕭何剛才退班回到府上，一聽韓信跑了，連朝服都來不及脫下，立即上馬隨後追趕。

　　蕭何追了兩天兩夜，才把他勸回來，蕭何再三和韓信說明自己真心的要把他推薦給劉邦；他已經看到韓信胸中百萬的兵馬，此人不用？更有何人可以幫忙漢王與楚霸王項羽爭天下？

事說
新語

　　蕭何月下追韓信，史上有載，戲劇也有演出。韓信為了爭個出人頭地，卻不願仰仗他人的聲望替自己加分。刻意隱藏張良給他的推薦信（角書），不給蕭何知道。等到蕭何把他追回之後，再經深談，拜服他的才華，韓信才把角書拿出來。這多少有些文人的傲氣，不過小說裡的描述，也確實如韓信顧慮的，發生朝中大臣的不服。樊噲擋駕，試圖推翻劉邦的決定。幸好劉邦週全顧慮，才沒讓悲劇發生。既保了樊噲的命，又替韓信立下威信以服三軍，替楚漢之爭立下不敗之地。

MAP 06

蕭何心想，張良離開的時候曾以角書為憑，劉邦更是如此。蕭何看到劉邦不肯重用韓信，心裡多少也有些不服氣，難道我蕭何也無能力識辨人才，眼前就有一個，卻苦無角書為薦，真真是惱人之至。

韓信這時知道蕭何是真正看到自己的能力，才把張良給的角書拿出來給蕭何，蕭何一見角書，大喜過望，忍不住抱怨韓信說：

「有這個怎不早早拿出來敲門呢？」

韓信卻說：

「空有角書就榮任大位，容易招惹非議。總要讓買主看得一二，有了意願之後，售貨的人再打開一些……」

蕭何還想再問，韓信卻說：

「這種東西，只能成交之後才能全盤托出，不然一旦洩底，就再無神奇之奧了。」

蕭何拿著角書去勸劉邦。劉邦看到張良的角書，又聽蕭何百般用心去追回這個國士無雙的韓信回來，終於用蕭何的建議拜韓信為大將軍，總領進兵與楚霸王逐鹿天下的大事。

地點：屏東市崇蘭蕭家祖廟　年代：不詳
作者：不詳　　　　　　　　藝類：現代交趾陶

延伸賞析

台南府城畫師潘麗水所畫。中間有兩棵大樹和一顆露頭的巨石，這在西洋畫算是一個忌諱，技法上有所謂的黃金構圖法（學攝影時老師說的？）。但在民間藝術裡面，這類的安排卻時常出現，甚至於還刻意把兩邊切開，形成兩個時空的感覺。

韓信在前，蕭何在後，都是騎著馬在奔跑。

如果不是因為時間和顏色褪卻，韓信的馬匹鬃毛濃密，能凸顯他在近處的意境，而蕭何的馬匹鬃毛就淡了一些。再則馬匹的身型略呈六分像，感覺很像從畫中遠處追上來的，和韓信的馬呈五分身有著明顯的差異。

全圖用色呈淡褐色調，兩匹馬是濃淡互異的磚紅（跟鬃毛的意思一樣）。唯一亮點在韓信的藍衫布衣。蕭何的馬鞍籠套的綠，則有平衡畫面的穩定感。

山石草木的點描和皴法（敷色），卻帶著傳統國畫的意境。

韓信　　　　　　蕭何

● 蕭何月下追韓信 / 潘麗水 / 1978 年 / 彩繪 / 台南北門新圍新寶宮

泥塑半立體作品。人物的臉部和軀體明顯凸出。五官刻意立體化。山石樹幹也特別處理。

人物以正反主角做為表現，被平分在左右兩邊。蕭何月下追韓信是丞相追良將；許褚鬥馬超，旨在表示「棋逢敵手將遇良才」，互相欽服的意思。

① 月下追韓信 / 花蓮市關帝廟

② 許褚鬥馬超 / 花蓮市關帝廟

有看到浮雕上的作品嗎？
是用泥塑方式做出來的喔。

　　戰後玻璃剪黏。這型的偶頭，生、旦、淨、末，忠奸角色個性還算鮮明。只是小生與小旦因為沒特別的個性，也被用在次要的配角身上。

　　蕭何月下追韓信，是丞相為主公劉邦的天下，追回國士無雙的韓信；潼關遇馬超，卻是丞相被人追殺的故事。一成一敗，一忠一奸，形成強烈對比。

③ 月下追韓信／雲林虎尾埒內拱雲宮作品

常見寺廟屋頂有很鮮豔的雕塑在上面，不知是用什麼材料創作的？

④ 潼關遇馬超／雲林虎尾埒內拱雲宮作品

李元霸殺敗宇文成都

大唐傳奇

關鍵人物與故事

李世民擊鼓救父

　　李淵奉命建造晉陽宮，時間只有三個月。在眾仙家的幫忙之下，宮殿蓋好了。卻被奸臣進讒言，誣告他說圖謀造反，不然怎麼能在三個之內就蓋好晉陽宮？肯

定是之前就偷偷蓋好的。李淵被押下準備問罪。次子李世民擊鼓替父親申冤。隋煬帝楊廣看那李世民長得一表人才深得人緣，垂問：「何事擊鼓？」

　　李世民向皇帝啟奏，為求事情真相，請派人把鐵釘取出檢驗，如果是偷建的宮殿，那麼鐵打的釘子必然產生鏽痕。假如是新建的，鐵釘可還我父清白。

　　隋煬帝聽完有理，就命人驗看。果然如世民所奏一般。赦免李淵無罪，又收李世民為義子，封為秦王。

　　然後問李淵，有幾個兒子？李淵說育有四子。此是次子，另有建成、元吉和元霸。

　　隋煬帝想看他其他的兒子，召他們到晉陽宮見駕。

　　老大建成和老三元吉都沒什麼問題，獨獨老四元霸，李淵自然事

MAP 07

先稟報，怕有驚駕之罪，希望能免四子面聖。但隋煬帝卻反而更想看看，一個十來歲的小孩有什麼好嚇人的，偏要宣他。

李元霸霸氣單挑

李元霸跪在皇帝駕前不敢抬頭。皇帝恕元霸無罪，抬起頭來。隋煬帝果然被嚇一跳，但為元霸的天真感到歡喜，封為趙王。隋煬帝想到江南看瓊花，李元霸好意問起，不知道是何人保駕？

一旁的奸臣宇文化及出班說：「是天下第一無敵大將軍，宇文成都保駕。」

當他聽到宇文成都的封號——天下第一無敵天保大將軍，覺得好笑：「竟然有人敢自稱天下第一？難道他沒聽過『人外有人天外有天』嗎？」

李元霸向皇上請求比武，要是宇文成都勝不了我，那他胸前那塊金牌就要拿下來給我，不能叫無敵天保大將軍。

皇帝答應。但要先比力氣。宇文成都先，他把石獅抬起來，走了幾步已經氣喘如牛，放下石獅回到殿前繳旨。

「臣已經把石獅移動了，請旨定奪。」

李元霸不理他，抱拳向皇帝說：「換我來去舉石獅。」

事說
新語

主上昏庸，奸臣當道。想讓李淵做也死，不做也死。幸好李世民臨門一腳，取釘驗証，才讓昏君和奸臣的詭計難以得逞。

再說「人長的帥還真的有好處」。若由李元霸去衝第一陣，恐怕沒這個好結果。然而奇醜的元霸卻因天真無邪，加上天生神力，在晉陽宮前，力壓宇文成都。

「天下無敵」、「天下第一」？這樣的封號只會替受者的大將軍招惹禍端。俗話雖說「文無第一，武無第二。」偏偏人會老，「天下無萬勝不敗的英雄」，「英雄莫提當年勇，江山代有才人出。」這也是給「曾為一世之雄者」，一個很好的啟示。

地點：屏東聖帝廟
作者：不詳
年代：不詳
藝類：交趾陶

李元霸殺敗宇文成都

　　看他一手一隻把石獅舉到頭上，來回在殿前遶圈子，然後放回原處還臉不紅氣不喘。

　　宇文成都不服，卻因無力再戰，要求明天比武藝。

　　李元霸說要比就比，誰怕你啊。

　　第二天，李元霸使用雙鎚，宇文成都使用鳳翅鎦金鐺，兩人互看不順眼，雙方都恨不得把對方殺死。宇文成都被李元霸追著跑，他老爸宇文化及連忙奏旨請求停戰。皇帝看到出神，忘了先前講的點到為止。宇文化及又再上奏，皇帝才回過神來說：「兩位卿家，停手，停手。」並請御林軍衝進校場，把兩人分開。

　　如果不是李元霸想起他師父的話：遇到使用鳳翅鎦金鐺的人，千萬不能殺他。不然宇文成都可能就要死在校場上。

李元霸拿雙槌　　　　　　　　　　宇文成都

●李元霸比武宇文成都／彩繪／澎湖文澳城隍廟

台灣的宮廟一直以來都有香火油煙影響彩繪作品的問題。在文化資產的觀念還沒在信徒之間建立起來，就是找人重新油漆。把舊的蓋在底下。好一點的主事者，還會四處尋訪良司巧匠前來替神明殿堂作畫。不然就以「公開招標的方式」廣貼徵才啟事，請各方前往投標；如果是以「最有利標」，還可能找到合適的好匠司；若是以最低標，偶見作品人形醜陋，畫中有形無意的粗糙之作。

在台灣目前來講，簡直可用「越老越舊」的作品越好。

這件作品看來像被油煙燻得整張色澤偏紅。幸好墨線還算清楚，可以看出右上角是司令台，座上有皇帝和隨侍人等。左下方是校場，李元霸和宇文成都正在比試功夫，形成斜對角構圖。

奉旨比武　　　　　　　　　隋煬帝楊廣

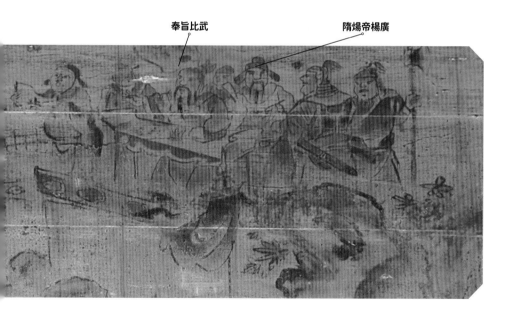

畫在木板上面的作品，除了中軸線外，大都左右成對。

別的工藝如木雕，或可為了減省成本，會出現工廠製品——有同相鏡射的現象，但在彩繪比較不會出現這個問題。

李元霸與無敵大將宇文成都比武，宇文成都失敗，但性命無傷；狄青與王天化比武，原來不會造成傷亡，卻因奸臣龐太師私心作祟，反而造成王天化被狄青斬殺。所謂害人害己，正是這齣戲所要傳達的勸善意義。

① 李元霸宇文成都比武 / 澎湖文澳城隍廟

② 狄青比武王天化 / 澎湖文澳城隍廟

裡面的經典故事有很多不同的創作素材，創作的表現形式也不一樣喔。你看左邊是彩繪，右邊則是交趾陶。

　　出現在壁上的交阯陶創作。李元霸殺敗宇文成都對上七擒孟獲。兩齣戲，一則以力服人，另一個除了武力之外，也在表現只要你不再背後扯我後腿，彼此各安其境，自然不會把你怎樣。

　　小說都把這段寫成以德服人？但是如果拳頭不夠大不夠強，光是以德？恐怕也難以讓南蠻王心服口服吧？

③ 李元霸敗宇文成都 / 中壢仁海宮

真的耶～

④ 七擒孟獲 / 中壢仁海宮

摩天嶺

薛仁貴東征

薛仁貴跨海回國，擒拿張士貴父子、子婿等人，又回到三江越虎城繼續東征之途。

唐太宗李世民龍心大悅，想封他為征東大元帥？話講了一半才發現一旁的尉遲恭臉色忽白忽紅。看了看徐茂公，又看了程咬金一眼；眾卿畢竟都是見過世面的人，心裡有譜。

此時薛仁貴和皇帝跪稟說，他父親早逝，若元帥不嫌棄，想拜尉遲元帥為繼父，望聖上恩准。

尉遲恭順風駛船，接口說：「臣年紀老邁，願把帥印交出，讓聖上再尋大力，輔佐皇上完成征東之功。」

李世民順水推舟，見證尉遲恭收薛仁貴為繼子一事，再將征東大元帥的大印授于白袍將薛仁貴。

薛仁貴受封征東大元帥之職。接著，只帶原來的伙頭軍前去攻打摩天嶺。請其他的爵子爺如羅通、尉遲寶林兄弟、秦懷玉等人，留守三江越虎城，保護皇上與眾家老臣。

事說新語

名利地位世人所愛，只是帶兵打仗的元帥之職，不是只會打架就能稱職的。這回，尉遲恭看到薛仁貴有勇有謀，一路過關斬將。在沙灘上救得皇帝李世民，君臣相見。可元帥大印只有一個，他自動將元帥讓給了薛仁貴，保住尊嚴。

MAP 08

地點：高雄三鳳宮

作者：不詳

年代：1970年前後

藝類：石雕

化身賣弓郎

薛仁貴帶著周青等眾位兄弟前進摩天嶺。眾人一見摩天嶺高聳入雲，是個易守難攻的大城。仁貴夜間在自己的營帳之中，擺起香案，將九天玄女的《無字天書》供在中間，焚香三停之後，打開《無字天書》，看到上下七字的浮字：「賣弓可取摩天嶺，反得擎天柱二根。」

薛仁貴只覺得是九天玄女叫自己去假賣那把震天弓。沒想到他私下潛入山中，遇到賣弓人的毛子貞。薛仁貴問得摩天嶺上面的事情。再把自己打扮成賣弓人。順利登上半山的前寨，和守將周文、周武兩兄弟結拜。薛仁貴酒後睡在敵城之中，忘了自己身陷險地，以為在自己營中，口渴開口自曝身分。幸好周文兄弟倆原是中原人士，因戰亂才投身他邦外國。願意配合薛元帥內攻外應，攻取摩天嶺。

薛仁貴回去帶著周青等眾人前進摩天嶺。在周文、周武私開關寨大門，薛仁貴率領眾將偷關入寨。

摩天嶺一役

摩天嶺裡，探子報告軍情，呼哪大王、雅里托金、雅里托銀都是不得了的勇將。加上一個能飛的猩猩膽，遇有一個番邦狼主的女婿紅幔幔，總共五員大將。如果不是周文、周武兩兄弟做內應，薛仁貴幾個兄弟加上九天玄女秘授法寶，也是不容易攻取的。

呼哪大王不知利害關係，讓周文、周武在後面幫助雅里兩兄弟。結果，複姓的輸給單名的。呼哪大王戰死，猩猩膽中箭逃走，薛仁貴損失一支天賜神箭。

摩天嶺打下來了，薛仁貴安頓城中軍民百姓之後，準備趕回三江越虎城。周文、周武卻說城後有烏金，凡天下的烏金都是從摩天嶺出去的，元帥何不命人挑選上等烏金送給皇上，以為取關之利？薛仁貴大喜過望，委由周氏兄弟負責大任。因此薛仁貴

摩天嶺

在摩天嶺停留。青龍神蓋蘇文知道這個消息，向扶餘國借兵十萬，二次圍攻三江越虎城。

後面軍師徐茂公，又請福星魯國公程咬金踹敵營，前去摩天嶺討救兵。

（有翅膀的是猩猩膽，也是長的像雷公。）

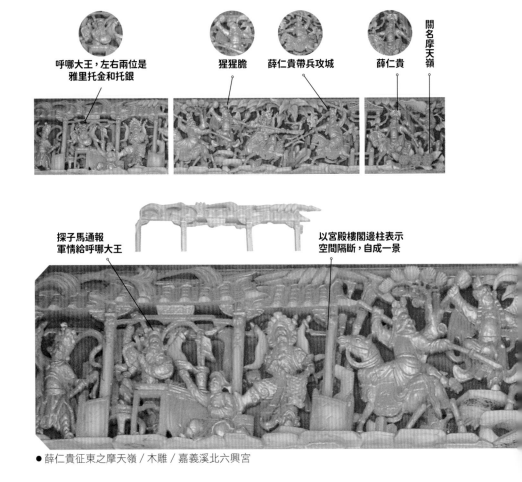

呼哪大王，左右兩位是雅里托金和托銀

猩猩膽

薛仁貴帶兵攻城

薛仁貴

闖名摩天嶺

探子馬通報軍情給呼哪大王

以宮殿樓閣邊柱表示空間隔斷，自成一景

● 薛仁貴征東之摩天嶺 ／ 木雕 ／ 嘉義溪北六興宮

　　此三川殿前的木雕飾板，採內枝外葉表現。整個篇幅除卻兩邊的堵頭之外，採三景構圖。觀者的右手起算（站在三川殿外面向正殿），第一局到牌樓（側面）處為止，有個騎馬拿戟的少年將軍，底部明顯刻著「摩天嶺」三字，那算是標題，我常把它列入「點題要件」之中；第二局從牌樓到宮殿邊柱為止；然後再過去有宮殿的正面。可見有三間的格局，柱、矮牆、壽楣、托木匾額、屋頂等等。這件作品必須從左右兩邊先閱讀，然後才看中間，不然在解讀時會亂掉。

　　殿內是摩天嶺內番大王在議事。呼哪大王聽到探子馬來報，有奸細闖入關隘。呼哪大王下令，傳齊兵馬出宮應戰。

　　中間就有會飛的猩猩膽和紅幔幔，遇有雅里托金、托銀兩兄弟，眾人與薛仁貴等展開一場大戰。

　　木雕的油彩成色，常見樹木用金枝玉葉（金枝綠葉）表現。山景地坡則按各層，進行紅綠不等的化色。也有全都安金而看不到底油漆的作法。這件屬於金枝玉葉。

庭景以示
空間隔斷

仁貴潛入
摩天嶺途中

唐明皇遊月宮

唐明皇李隆基，與幾位方外異人佳節賞月，看到皎潔的月色，隨口問一旁張果老化身的牧童張果（小說和戲劇的版本略有不同，有的會以道士的形象出現，那樣就可以讓他演羅公遠）說，聽說古代的嫦娥，偷吃王母娘娘賞給她和丈夫后羿的不老仙丹，飛到月中的廣寒宮（俗稱月宮，或叫蟾宮）；不知道月宮之中，是不是真有嫦娥仙子？

張果說，這個也不難，只看他把手中的竹杖朝天空一指，瞬間一道玉橋現眼前。張果帶著唐明皇遊月宮。

唐明皇接近廣寒宮，聽到仙女在裡面彈琴，也有仙子在那裡跳舞。唐明皇會音樂，把曲子暗暗記在心裡。等到返回人間，再把曲子寫下來，取名〈霓裳羽衣曲〉。

民間戲曲從這裡開始，有不同的發展。

唐明皇到達廣寒宮，剛好嫦娥不在，由香素娥等仙子招待，參觀廣寒宮。唐明皇無意中看到嫦娥的金身法像起了色心，提筆留詩表達

事說新語　　未經主人允許，不能擅入他人宅第。不只是民主社會才有的觀念，也是古老時代的禮貌。劇中的唐明皇，仗著自己是一國之尊，凡天下所有的一切，都是他的，可是偏偏不是那樣。廣寒宮——月宮，可不是他李隆基的。嫦娥受辱，奏請玉帝主持公道。也算是替民主時代的法治觀念，留下幾許人世間的人情義理。

MAP 09

仰慕之意，希望能帶回後宮（有點像紂王題詩九天玄女廟的情節，幸好他在凡間的作為還不錯，不然應該會很慘。）唐明皇和張果離開月宮回到人間。

嫦娥回廣寒宮之後，看到唐明皇題詩汙辱仙家顏面，向玉帝告狀。（戲劇有演，張果老擅自帶凡人私闖天庭，罰打屁屁。）

玉帝派青龍神下凡投胎為安祿山，亂大唐基業。但大唐氣數未盡，再命白虎星君投胎為郭子儀對抗青龍神。

青龍神抗議，先前兩次下凡都長得很醜，這次要帥一點。白虎星君也說，前兩世都短命，希望這次能好命一點。玉帝都答應了。白虎星又請旨，請太白金星一同下凡幫助白虎星對抗青龍神。（有的有演白虎三投唐，青龍四轉世，除了大家熟悉的單雄信、蓋蘇文之外，又多了蘇寶同也是青龍神轉世，被樊梨花殺掉。這樣的劇情，也是看到以前的歌仔戲影片才知道的。）

延伸賞析

神明大轎不一定全都會鏤空雕刻。像這件同樣拍自大轎的枋心就是如此。但這頂神轎，卻是使用不同的「茄苳入石榴」，俗稱「茄苳入」做出來的。

這要先把這些鋸好的花材外形，描在底板上，然後使用工具將它清出溝槽。接著再把這些花材塞進溝槽裡面（需要用膠把兩者黏貼固定），再將人物景觀做細部修飾。

包括五官鬍鬚、衣服皺摺、地坡、竹葉、雲朵等，都得削邊或刻出凹槽，表現出線條勾勒的花紋。

右邊圓框表現月裡廣寒宮，裡面住著嫦娥和玉兔，當然有侍女替仙子服務。從凡間來的隊伍頗為龐大。道士、皇帝唐明皇，後面跟著太監隨從數名。占了總面積三分之二左右。

唐明皇李隆基　　道士羅公遠　　搗藥的玉兔

月宮
（廣寒宮）

● 唐明皇遊月宮／神轎上的木雕隔板／
台南佳里金唐殿（蕭壠香期間拍攝）

地點：高雄左營青雲宮

作者：不詳

年代：1990年前後

藝類：泥塑上彩

李白答番書

　　李白進京赴考，自持滿腹才華，不像其應考的舉子，給主考官送紅包，結果被主考官楊國忠和高力士給羞辱了。

　　李白散漫的走在街上，和賀知章邂逅，進而結拜成了忘年之交。賀知章把李白帶回家裡住下，一方面算是照顧他這個好友，讓他不必流落街頭；另一方面也在想著，這麼好的才華，若不為朝廷所用，豈不是國家的一大損失？想尋個機會把他推薦給皇上。

　　這個時代是唐玄宗李隆基當皇帝的時候。天下太平，有開元之治的美譽。

　　小說裡面的李白，除了遇到奸臣貪財之外，主要還是在講，若沒有外面的壓力，上面的常是「有聽沒有到」，不當問題一回事。

　　沒叫外人稍微漏氣一下，是不會想去面對問題與解決問題。於是，群臣一起放著給它爛掉。頂多改朝換代，換皇帝又沒換朝臣差役。

　　今天的社會沒皇帝了，各地庄境每個人都是皇帝，人民自己作主了。能不能互相尊重，聽取各種不同的聲音，然後擇善而取，變成現代的關鍵字。

MAP 10

偏不巧，有番邦使者帶著國書前來。揚言，大唐帝國人才濟濟，藏龍臥虎，如果貴國君臣看不懂這封國書，那麼我國國王說：從此不再前來朝貢。

皇上聽到這個使者口氣狂妄，本想直接把他處斬，但想想，兩國相爭都不斬來使了，現在太平盛世，更是不能忽略了國際禮儀。讓人先把使者安頓到驛館之中，然後再和文武大臣研議對策。

番書傳來傳去，還是無人看得懂裡面的意思。皇上生氣了。養了一堆會移動的飯桶。高力士在旁幫腔，是啊！一堆飯桶。

「那公公你會嗎？」

「嗯，啊。那又不是咱家份內的事。我幹嘛要懂？」

「那公公幹嘛狗捉老鼠？」

「啥？」

「多管閒事。三天，三天不給我解決這件事，全都回去吃自己！」

皇上生氣了，龍顏震怒。朝中大地震了。

賀知章回到府上，一進門就唉聲嘆氣。李白看到朋友垂頭喪氣，主動關心。賀知章才說起整件事的來龍去脈。

「這也沒多大的事啊，不就是翻譯，回信而已。用不著老朋友這麼煩惱嘛。」

「你懂渤海國的文字？」

「導演說我懂，我就懂。」

「啥？」

「沒啦。我說，那沒什麼。白少年時曾在那裡生活過。自然識得那裡的語言文字。可惜啊。白無官無職，如何能進宮為皇上分憂，替大人解勞呢？」

「這個小事，太白，今天早點睡，明天跟老夫入殿見駕。」

第二天早朝，金殿上李白滔滔不絕把番書譯成漢文，從頭到尾讀了一遍。又用番語也念了一回，滿朝文武君臣都驚壞了，連

地點：高雄哈瑪星代天宮

作者：不詳

年代：不詳

藝類：泥塑彩繪

李白答番書

那個外國使者也嚇得目瞪口呆。因為李白把裡面沒寫白的意思，也講白了。

「愛卿，你能識能解，能否替寡人用漢番雙言回覆國書呢？」

「臣謹遵聖命。但是，草民無名無分，要草民如何替朝廷出力呢？再則，讓番使知罪民無官無祿，卻在金鑾駕前舞弄，豈不失吾朝威風？」

「好，朕當殿封卿為文學院大學士。賜卿當殿脫去白衣換朝服，好替寡人回覆國書與他番使帶回，以宣國威。」

李白隨著內侍進入後宮，換了冠帶又再入朝班。此時案桌與文房四寶已經齊備，就等李白就座。

啟奏陛下：「臣前應試，橫遭右相楊國忠、太尉高力士斥逐，今見二人列班於陛下之前，臣氣不旺。況臣今日奉命草詔，手代天言，宣諭外國，事非他比。伏乞聖旨著楊國忠磨墨，高力士脫靴，以示寵異。庶使遠人不敢輕視詔書，自然誠心歸附。」

文武大臣聽到李白這麼說，把臉都嚇白了。權重朝野的楊國忠，只有他責人的份，誰敢那麼大膽敢拔他虎鬚？

但皇上微微一笑，說：「左相，可有此事？」

「這，那……」

「磨墨吧！」

「高力士，有這回事嗎？」

「咱家就替大學士脫靴～嘿嘿嘿。」（OS，乞食分有還會弄拐仔花，咱家就看你會囂張到幾時。）

李白看了看皇家的金箋，貴氣的硯墨，珍奇的兔毫毛筆。楊國忠還在磨墨，高力士已經把靴子給脫下來了，放在一旁。

李白提筆醮墨，運筆揮毫，龍遊雪浪氣吞山河。一篇回覆番邦的國書一氣喝成。

李白將回覆的國書，從頭到尾念了一次，番使嚇得軟癱在地。皇帝龍顏舒眉，群臣無不敬服，就連楊國忠和高力士也不敢看輕他。

延 伸 賞 析

員光木雕。畫面一分為二。右邊是皇帝唐明皇，一人獨享大位？（誰敢跟他搶）一名太監、一個小旦？要讓她演楊貴妃嗎？

左半邊擠著四人。李白提筆準備書寫蠻書（番書），楊國忠為他磨墨，高力士在最邊邊給太白先生脫靴。前方又跪著一人，雙手展開一張紙？番使？（蕃薯？）同樣是個個五官豐圓飽滿，眉目清晰。頭身比例約五比一。底色紅，在主要部分做安金處理。如此安排，比不見紅還要容易欣賞。不會因為同色而把主題跟背景混為一塊。

太監高力士　　李白　　楊國忠　　唐明皇

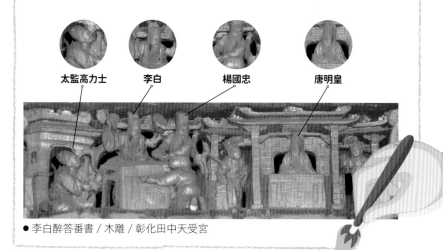

● 李白醉答番書／木雕／彰化田中天受宮

10. 大唐傳奇 **李白答番書|**
高雄市哈瑪星代天宮

● 請君入甕／泥塑彩繪／高雄哈瑪星代天宮

6. 楚漢相爭 **蕭何月下追韓信|**
屏東市崇蘭蕭家祖廟

● 風景畫／單色
彩繪／屏東市
崇蘭蕭家祖廟

內門區

杉林區

Ⓒ

旗山區　美濃區

路竹區　　阿蓮區　　田寮區

Ⓐ

永安區

彌陀區　岡山區　　燕巢區

蕭何月下追韓信|
屏東市崇蘭蕭家祖廟

梓官區　橋頭區

唐明皇遊月宮|
高雄左營青雲宮

九如鄉

李元霸殺敗宇文成都|
屏東聖帝廟

楠梓區

仁武區　大樹區

李白答番書|
高雄哈瑪星代天宮

Ⓔ

左營區
9

鼓山區

Ⓑ

Ⓒ

Ⓓ **8**

摩天嶺|
高雄三鳳宮

三民區

Ⓓ

鹽埕區
10

前金區
新興區
苓雅區

旗津區　前鎮區

Ⓔ

大寮區

鳳山區

Ⓓ

屏東市

7

6

8. 大唐傳奇 **摩天嶺|** 高雄三鳳宮

● 韓信閱兵／內枝外葉，石雕／高雄三鳳宮

7. 大唐傳奇 **李元霸殺敗宇文成都|** 屏東聖帝廟

● 祈山伐魏／彩繪／屏東市聖帝廟

9. 大唐傳奇 **唐明皇遊月宮|** 高雄左營青雲宮

● 曹植賦詩／彩繪／高雄左營青雲宮

小琉球鄉

【四聘】走讀

四聘在台灣各地宮廟出現的比例很高。差不多有民間信仰的地方,不管是使用的器物或建築都可能找到它們。

堯聘舜,就是大家熟悉的四聘第一則;高雄大崗山新超峰寺的枋間彩繪。接著成湯聘伊尹,則是小琉球上杉福安宮的。這些四聘作品因為普遍存在於各地宮廟,因此在編排上就擴大走讀範圍去思考。期盼經由本書,促發良朋益友對週遭宮廟的好奇,進而產生尋寶的趣味。

四聘加一則,名為武丁聘傅說(音富悅)。這個故事雖然出現的機會不多,卻在幾座稍有歷史的古蹟之中擠身四聘之列。晚近修建的宮廟,偶而也會看到類似構圖,寫著武丁聘博悅?或其他文字,但只要有蓋房子或建築牆的工人,應該就是指這個典故了。

A. 堯聘舜│高雄大崗山新超峰寺

● 堯聘舜/彩繪/高雄大崗山新超峰寺

B. 成湯聘伊尹│小琉球上杉福安宮

● 商湯聘伊尹/彩繪/小琉球上杉福安宮

E. 武丁聘傅說│
高雄左營元帝廟

● 武丁聘傅說/石雕/高雄
左營蓮池潭元帝廟

C. 渭水聘賢│高雄覆鼎金保安宮

● 渭水聘賢/石雕/高雄覆鼎金保安宮

D. 三顧茅廬│高雄高紅北極殿

● 三顧茅廬/木雕/高雄高紅北極殿

MAP 再延伸

a. 伍員過昭關│屏東小琉球南福村忠孝路海濱玉海堂

洪平順畫師的中期作品。畫面只有簡單的幾筆,勾勒出城門和小樹點綴。一旁有稍大的樹木,葉片伸進兩名守城的兵將上方。

b. 專諸刺王僚│高雄哈瑪星代天宮

潘麗水的作品。公案案桌,旁邊有布幔和稍遠處的紅色柱子及牆壁。表示劇中時空背景的發生地點,吳宮殿裡。王,王僚,扮相年輕無鬚,身穿戰甲頭戴盔,上面還插著雉尾。顯示此時的王僚,初登王位意氣風發。同時也有著顧慮自身的安全。畫面的處理乾淨清潔,人物個性明顯。符合戲劇和小說描述的情境。用色對比鮮明簡潔,不拖泥帶水。

c. 原壁歸趙│高雄內門中正路紫竹寺

作品的線條類似蝌蚪描。用色明快,這邊的色調偏中間的調和色,不像之前在《封神演義》裡頭出現的許連成,採用原色的大紅大綠表現。明暗陰影的處理,更接近西洋美術水彩畫的味道。

MAP 再延伸

d. 蘆花河│屏東慈鳳宮

台南佳里金唐殿留有何金龍的剪黏大作。歷經時代與潮流的更迭,依然保持很好。這組作品,呈對角構圖。右下方是樊梨花的義子薛應龍,魂歸水府回到水晶宮與孽龍大戰,敗陣之後,回去託夢,請義父、義母到蘆花河幫助自己搶回水晶宮,此刻正與孽龍打得難分勝負。(但其實打不過對方)

大師之作雖然經過七、八十年,依然在藝術高峰挺立不倒。生、旦、淨、末、丑,個個角色鮮活。小兵和水族的表情,更是展現匠師對生活的觀察與掌握,寫實中帶著幾縷慇厚的美感。

4. 楚漢相爭 **劉邦斬白蛇起義**｜屏東東港延平路福安宮

● 田稷母清操感人／彩繪／屏東東港延平路福安宮

劉邦斬白蛇起義｜
屏東東港延平路福安宮

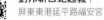

趙高指鹿爲馬｜
屏東東港鎮海宮

長治鄉

麟洛鄉　內埔鄉

萬丹鄉　竹田鄉

新園鄉

4

崁頂鄉

5

2

新埤鄉

東港鎮

1

林邊鄉

佳冬鄉

廉頗負荊請罪｜
東港檬林宮共心堂

枋寮鄉

紫氣東來｜
屏東東港東隆宮

B **a**　小琉球鄉

1. 東周列國志 **廉頗負荊請罪**｜東港檬林宮共心堂

枋山鄉

● 顛倒八門陣／彩繪張春長作／屏東東港檬林宮共心堂

5. 楚漢相爭 **趙高指鹿爲馬**｜屏東東港鎮海宮

● 狄青得龍駒／彩繪蘇天福作／屏東東港鎮海宮

2. 東周列國志 **紫氣東來**｜屏東東港東隆宮

●田稷母清操感人／彩繪／屏東東港東隆宮

MAP 再延伸

e. 韓信胯下受辱｜高雄鳳山開漳聖王廟

台南府城畫師潘麗水在民國 62 年所畫。潘麗水曾接觸過電影看板的繪製，據稱因此在民間裝飾作品裡頭，便帶有西洋風格的用色和布局？

韓信布衣布帽跪爬，受胯下之辱。但臉上依舊帶著一縷俊俠之氣。而幾個無賴，個個滿臉橫肉身體粗壯，卻神情猥褻，嘻笑怒罵的表情「躍然紙上」（應該可說好像從牆上走下來一樣）的逼真。點染皴法交互應用，但在人物的線條勾勒，依然帶著傳統工筆的味道。幾名粗漢的腳上，腳毛濃密；據當年參與的修復者說起，那些毛髮是以分叉的毛筆，一筆一筆勾畫出來的。

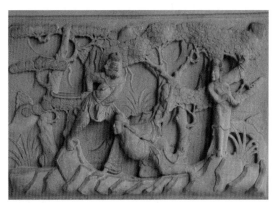

●韓信胯下受辱／石雕／高雄鳳山開漳聖王廟

---

3. 楚漢相爭 **張良圯上受書**｜屏東車城福安宮

●今人多不彈／彩繪／屏東車城福安宮

民間故事
在花東

二度梅

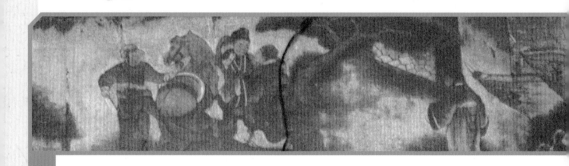

梅良玉一家被奸臣盧杞陷害抄家，母親叫家人喜堂保護良玉逃命，欲留一點血脈日後為父申冤報仇。奸臣怕斬草不除根恐日後成大患，派人四處追捕。家人喜堂一心護主，冒主人形狀假為梅良玉，故意被盧杞爪牙所捉，替主而死。

梅良玉逃到楊州，因腹飢失力，昏倒在父親結拜金蘭陳東初家門前。

陳東初經家人通報，把梅良玉帶入府中療養。等他身體恢復體力之後，看他生就忠厚良實，命他看守梅園。

原來陳東初本愛梅花的清驕傲高潔，與恩公梅伯的志節相似，便命人在後花園開闢一隅栽種梅花。

陳東初一日偶然走到梅園，看到開得燦爛的梅花睹物思人，想起故友梅兄臨危之際不忘結拜義氣，出手相救，讓他得以辭官回鄉養老。

回鄉之後京城傳來噩耗，梅家被抄家！自此音訊全無。不知義兄一家有無血脈留下？想到這層，不禁悲從中來。俗話說當家的喜怒不易顯；心裡有事卻故作平靜。他想到故友冥誕已至，又見梅花盛開便吩咐家人，在梅園擺設香案，說要祭梅。

MAP 01

地點：台東忠合宮東港王廟

作者：不詳

年代：不詳

藝類：彩繪

　　陳東初帶著家人來到梅花樹下，對著梅花含淚跪拜。化名喜童的梅良玉也在後面跟著跪拜。

　　他隱約聽到員外口中念著梅兄、梅兄，知道是在追悼自己的父親。可是自己卻不敢與他相認。只能在撤案之後，再躲回房中對著靈位，哭訴無依的思親之情。

　　半夜裡，一場狂風暴雨，把滿園盛開的梅花全都打落。陳東初清早踏入梅園，不忍眼前慘狀，竟然掉下淚來。埋怨天地不仁，竟然連一個死去的人所托依的梅花，也不肯留下一蕊。

　　「難道梅家真的一條血脈也不存於世間，讓他報答故人的心願，都要滅絕？罷！罷！罷了！如果天不絕忠良，願上天讓梅樹在三天之內『梅開二度』。假如梅家真的已無後人，那麼，那麼我陳東初對這紅塵俗世，也無可留戀。不如削髮出家去了。」

　　陳東初說這些話的時候，妻子、子女和梅良玉都在場。但梅良玉卻更不敢出面相認。因為外面的風聲依然肅殺，奸臣盧杞依然把持朝政；連七子久婿名重朝野的郭子儀，見了他都還得故作昏花。若是讓外人知道世伯東初隱藏自己，恐怕會給恩人帶來禍患無窮。

　　杏元小姐聽到父親的話，心裡也為梅家擔心，她在夜裡叫丫頭準備香案，她要向上天哀求，求上天賜福梅樹「梅開二度」安慰老父。

　　梅良玉化名的喜堂，自然也要幫忙這些事情。擺好香案之後，再回自己的房裡向先父牌位訴說自己的心願。求父親有靈有聖也要大力幫忙，讓那梅樹「二度梅開」。以安慰世伯東初的恩義之心。

　　這個故事發展到後來，陳杏元被陷害出使和番。民間文學的版本，有的讓陳杏元拜過也曾是和番的昭君廟之後，步上望鄉台跳崖自盡；有的喜劇收場，有神仙幫助，讓梅良玉與陳杏元大團圓。

五雷塔收服鮑官保

關鍵人物與故事

鮑官保大戰郭子儀

東宮殿下李亨被奸臣李林甫所害，幸有太行山郭子儀相救，可是也惹出李林甫調派兵馬攻打。

仙家門徒鮑官保年方十五，奉師命下山而來，一來與父母一家團圓，二來可保真命天子江山。

鮑官保五歲時，在後花園被師父黃石公祖師帶往仙山。回家的路徑自然不識，還好師父送給他一隻花斑豹，靈獸自動把他帶回家門。

回到家裡卻只有叔叔鮑銅剛在家。聽他講，才知道父親鮑金剛和二叔銀剛都死在仇人郭子儀的手下。年少氣盛的鮑官保一心報仇，正合三叔鮑銅剛心意。

鮑官保向郭子儀討戰。仗著師父傳授的黑虎雙槌的威力，和白虎星下凡的郭子儀大戰一暝一日。郭子儀力乏，鮑官保舉起黑虎槌準備收拾白虎星的性命，緊要關頭白虎星元神出竅，嚇走鮑官保。

鮑金花勸降鮑官保

南海普陀落伽山觀音大士徒兒鮑金花，奉師命下山幫助白虎星保真主李亨，順便完成兩人宿世姻緣。

郭子儀回到太行山之後，太子殿下賜酒犒賞。誰知三杯御酒落腹之後，竟然口吐鮮血昏迷不醒。眾家兄弟和軍師諸葛英向殿下說明。高掛免戰牌七天，讓郭子儀好好靜養數天，應該就有救兵前來襄助。

MAP 02

鮑金花奉師尊南海觀音佛旨，前來收服黑虎星下凡投胎的姪兒鮑官保，日後扶助東宮太子除奸重登帝位。二則保存鮑家一條血脈與姪兒相認。

鮑金花以五雷塔困住姪子官保，阻止他行兇，並且向他說明前因後果。鮑官保無法打贏眼前這個姑姑，不得已答應她的勸降；可是要求讓他回去查證來龍去脈，若姑母所言無差，才願意歸順太行山。

真相大白

鮑官保沒回去向鮑銅剛繳令，反而跑回家裡，向家中老晏公問父親和二叔的死因。

老晏公說：「論起大老爺，你的父親雖然被郭子儀打敗，卻不是被他打死的。那是你二叔怕你父親被郭子儀下殺手，慌忙之中把他拖下台，頭去碰到擂台柱而死；你二叔在這過程當中也跌落台下，讓看比武的群眾踩死的；你三叔為了兄長之死，假意把你姑姑嫁給郭子儀，要她利用洞房花燭夜，當郭子儀鬆懈時，解決他的性命。不料卻反被郭子儀砍傷之後，卻消失無蹤，連屍首也找不到，無法替她料理後事。你為什麼忽然問起這件往事？」

官保告訴晏公，在戰場上遇到一個道姑自稱是我的親姑姑，她跟我講的，但我無法平白無故去相信一個陌生人，只好回來問老晏公。

蒼天有眼，鮑家終於又出了良善之輩，老奴忠心為主也有代價了。

官保雖然只有十五歲，但聰明早慧，聽到這裡，心中已經明白事情的前因後果。

青龍降黑虎，太子殿下李亨為護元帥郭子儀安危，干冒生命危險前往沙場觀戰。鮑官保祭出黑虎槌欲殺殿下性命；真龍獻身護駕，李亨收服鮑官保之心，讓官保認了殿下為義父，同時認了姑姑和姑丈郭子儀。

地點：台東聖文殿魯班公廟

作者：東麻文徵

年代：1980年

藝類：彩繪

　　泉州秀才陳伯卿（行三，小名就叫陳三），送兄長到廣州赴任，時逢元宵佳節，陳三到泉州城裡遊賞花燈，途中無意遇見黃府千金五娘碧琚，兩人四目相對被女婢益春發現，假意問五娘，那名騎著駿馬的書生生就緣投否？五娘不以為意順口回答，嗯啊。話方出口才驚覺有失體面，白了益春一眼，旋即轉入一座寺院而去。益春隨後趕上；陳三、五娘兩人萍水相逢，卻在彼此心中留下深刻的印象。

　　送兄到廣州之後的陳三，回程途中，又經過泉州府城。他在馬上向著沿途兩旁的街道四處觀望。不料，益春也陪著五娘自繡樓上開窗偷望路上往來的人群。益春遠遠看到一個熟悉的身影，趕忙轉身拉著小姐五娘來到窗邊。小姐，那個騎馬的秀才，不是元宵遇見的那個人嗎？嗯，好像是他。

　　陳三被空中掉下來的一只布包擲中，拾起布包再往上一看，只看到窗戶掩上。打開布包發現，裡面包著兩顆荔枝。手巾角落繡著字，玉居。

　　就在這時忽然間聽到有人沿路喊著：磨菜刀、磨剪刀、磨鏡哦。仔細一看，才認出原來是同鄉人士的磨鏡師傅李丫哥。陳三向李丫哥問起此家根由，得知黃五娘名碧琚，待字閨中。陳三有意接近，尋覓機會向伊求親。李丫哥又說黃家府是他的主顧，每隔十天半個月就得到他府中賺點工錢。不論是刀、剪、銅鏡，都是他在磨的。

　　陳三向李丫哥說起心中事，拜託同鄉玉成美事。同鄉得到銀兩又有人可分勞，於是答應他的要求，教他磨鏡的功夫。

　　黃家花園來了一個新的磨鏡師傅。自稱是李丫哥的徒弟。益春

MAP 03

地點：花蓮鳳林壽天宮

作者：不詳

年代：不詳

藝類：泥塑上彩

卻是覺得這人不像個走江湖的磨鏡師，反而神似那個馬上的秀才。

鏡子破了。陳三自稱無錢可賠，自願以身為奴在黃家三年做長工，賠償打破銅鏡的代價。

陳三忍耐做工，只望能看到五娘碧琚，只是五娘身守禮節，平時連繡樓都難以踏出，更不用說到花園走動。陳三一年待滿也不過看她兩三次。但只能看到她的弓鞋尖。奴才見小姐和員外夫人，頭是不能平抬的。五娘也同樣看不到這個長工陳三的長相。

一年又過了。陳三心想再這樣耗下去也不是辦法。又聽說五娘喜事將近。如果不展開行動，恐怕一番心血就要白費。益春，對了，就是益春。平時與益春最有話聊。兩人奴才丫環身分相當，益春有什麼委屈或心事也都會找他傾吐。

陳三請益春讓他代替端著盆水去給五娘。

「我的親事不用你這個奴才來操心。」

陳三失望至極，背著雨傘和行李自後花園中，準備偷偷離開黃家回泉州去。

益春在後喊住陳三哥。

兩人乃有一段精彩的〈益春留傘〉橋段。

伏生授經

《尚書》又稱書，也叫《書經》。裡面記載的都是遠古時代君王與重要大事。

這部書流傳幾百年，來到秦始皇統一六國之後，頒布行同軌、書同文政策。一些散行於各國的民間文學，除了秦史之外，只容許各國保留醫學、農事、工藝的著作，其他一律禁止使用。

秦朝博士官伏生，一生努力收集編撰《尚書》。因為擔心《尚書》受到損害，把它們封入牆壁之中，然後再去避難。一直等到天下太平才回到家中。他一回到家裡，立刻破壁取出心血整修的那些冊簡《尚

伏生授經，也有人題「伏生授經書」，或「伏生授經典」。

一個文化的傳承必須經過多少人的奉獻才能達成。在那麼長久的歷史，又有那麼多的劫難，不管是邦國宗族或是個人家庭，要做到歷史、文學、藝術的流傳後世，實在不容易。過程中，有些會斷裂，有的永遠消失。但也會出現新的東西來。不管是繼承或是開創新局，都是以人為本的敘述角度。

民間殿堂出現這個典故，雖然不知道畫師的本意，是否也是站在這個文化傳承的理念，而把它畫在廟裡？但可以確認的是，我們從一件畫作，得到一點啟示：「文化是無法像物質財產可以繼承而來。想要擁有它的人，必須下一番苦功在前人的心血中，努力汲取養分，然後以無私的心把它往下傳播出來。」（借王姓友人文意造句，表達感想。）

MAP 04

書》。發現因為年久加上受潮嚴重，好多篇章都已毀壞。但他憑著記憶再把它寫下來。

漢文帝時，朝廷對這些學問和學者很尊重，派人召伏生入朝為國家傳授學問。但伏生因為年紀太大，時已高齡九十，體衰力弱不堪遠行，婉拒。漢文帝於是派大臣晁錯（又稱鼂錯；佛經三昧水懺追仇十世的主角）前去向他學習。

可是伏生畢竟高齡九十，牙齒都掉光了，講起話來落風，口語不清。只能由么女（最小的女兒）在旁充當翻譯。老人家說一句，她復誦一句。經過老人的確認之後，再由晁錯記錄下來（可見艱辛困難）。

延伸賞析

畫境展現的是山上的平台，伏生白鬚白髮，被一個貌似中年的女生陪著。皇帝派來的大官坐在地上的蒲團，就案寫字。旁邊有扎成網狀的冊。

本幅畫作從下方三分之一處拉出地平線，分成近景和遠山。中間有墨點青綠染色的樹冠做背景。遠處是平視的角度所見巨大的高山。

人物探高角度鳥瞰的形狀表現。因此賞畫的人可以看到他們頭肩細節。

這在所謂的傳統畫作裡面，是常見的構圖形式。從畫中的案桌蒲團，就可說明描述的意境。

圖中僅出一點點的山石樹葉，又把整個場景推進一層。讓整個空間形成更為深邃的感覺。

紅色冠帶和女子身上的衣服，抄字人衣領和袖口，一邊的冊卷，都是點睛之筆。服色的藍，也有這個效果。

濃墨勾勒出來的作品，要有一定的技術才能畫出美感。至於審美觀念，是一件很主觀的問題，就個人感想，乾淨、舒服，畫面不雜亂，層次分明，五官適合角色的個性，就讓人喜歡。（但也要考量現場光線和作品保存狀況因素，不能一語蓋之。）

伏生（伏勝）　　伏生之女　　　　晁錯（鼂錯）　　冊

●伏生授經／彩繪／花蓮新城嘉里保安宮

地點：花蓮新城嘉里保安宮　作者：不詳　年代：不詳　藝類：彩繪

看似台南潘麗水的畫風？把伏生授經與桃源問津放在一起，多少讓人有種避世的聯想。但伏生為了保留先秦經典，不惜干冒風險藏冊於隱密的牆壁之中。等到太平之日，有人想要，有人重視它們了，再又出來把學問傳下去。只不過，這也要皇帝夠重視這些文化瑰寶，不然也就沒這樣的傳奇故事撫慰人心了。至於陶淵明的〈桃花源記〉，則屬於文人的想像作品。

伏生授經｜
花蓮新城
嘉里保安宮

4

● 賀知章醉酒／彩繪／花蓮保安宮

● 伏生授經／彩繪／台南白河仁安宮

● 桃源問津／彩繪／台南白河仁安宮

秀林鄉

新城鄉

花蓮市

壽豐鄉

萬榮鄉

陳三五娘｜
花蓮鳳林壽天宮

3

化雨春風

● 泥塑彩繪渭水河／泥塑彩繪／花蓮鳳林壽天宮。像這類以泥塑工法做成的裝飾作品，頗其特色。

鳳林鎮

光復鄉

豐濱鄉

瑞穗鄉

玉里鎮

卓溪鄉

民間故事與百姓的娛樂有著密切的關係。在新北市三芝小基隆福成宮墀頭部位，有這麼一對作品。陳三五娘裡面的一段折子戲～益春留傘對應著三娘教子。

這其中有無以陳三對三娘的意思否？ 礙於個人識淺又無能直接訪查相關匠師，所以也不敢冒然猜測。只能以現狀看圖說故事，把這兩件作品介紹給有興趣的朋友知道。

石雕，像這類為減重又美化建築的作品，跟時下單純裝飾的石雕飾片相比，其實是相當耐看的。加上古時候寸寸都以手工打造，其作品展現出來的溫潤，遠遠勝過工業革命之後，以氣動或電動工具車琢的製品。

● 益春留傘／石雕／新北市三芝小基隆福成宮

● 三娘教子／石雕／新北市三芝小基隆福成宮

海端鄉

富里鄉

池上鄉

成功鎮

關山鎮

東河鄉

鹿野鄉

2. 五雷塔收服鮑官保｜台東聖文殿魯班公廟

● 有鬍渣的門神公公／彩繪／台東魯班公廟。在台灣，偶而能看到這樣的內侍太監公公，被畫在門板上當門神。名氣比較大的是嘉義新港水仙宮，由陳玉峰執筆的老作品。

延平鄉

五雷塔收服鮑官保｜台東聖文殿魯班公廟

卑南鄉

二度梅｜
台東忠合宮東港王廟

台東市

● 昭君出塞／彩繪／台東忠合宮東港王廟

金峰鄉

海端鄉 　長濱鄉 　富里鄉

延伸走讀 　五雷塔收服鮑官保 VS 哪吒鬧東海／台東忠善堂刑府千歲廟

這兩件作品的故事，都是以小朋友為主角。李哪吒天真可愛又活力十足，當他遇到新鮮事物總是躍躍欲試。而鮑官保拜仙家門人為師，學得一身武藝，無奈受到親情的約束，誤聽叔叔鮑銅剛的謊言，差點打死白虎星下凡的郭子儀。幸好出現了迷途知返的鮑金花，把來龍去脈告訴她的侄子官保。才讓白虎星郭子儀打敗壞人。

兩組作品都在台東忠善堂刑府千歲廟裡，人物線條和用色都與台灣西部的不同，足可稱為在地特色的藝術之奇。

● 五雷塔收服鮑官保／彩繪／台東忠善堂刑府千歲廟

● 哪吒鬧東海／彩繪／台東忠善堂刑府千歲廟

延伸走讀 　陳杏元和番 VS 王允連環計／台東忠合宮東港王廟

在台東忠合宮東港王廟裡面，有這麼一組對仗的戲文故事；兩件都是小旦的戲。陳杏元和番是為求兩國邦交穩定；而貂嬋自願獻身深入虎穴，來個一石二鳥之計，讓董卓和呂布這對義父義子自相殘殺，然後王允等朝中大臣，再趁機除掉挾天子以令諸侯的董卓。

台灣的民間信仰活動，燒香拜拜所產生的油煙，自然會造成作品的耗損。又因民情，主要在於祭祀的神尊和儀式，對於殿堂裡面的各式裝飾藝術，並沒太多的依賴。因此，三十年一小修，五十年一大修的民風底下，最先被消失的就是此類彩繪藝術。

晚近一、二十年來，在有志之士從產官學界，和民間的有心人士，不斷透過任何機會，起身倡導文化藝術對社會的重要性。雖然成效有限，不過這群人依然不灰心的把握任何機會對社會發聲。

● 陳杏元和番／彩繪／台東忠合宮東港王廟　　● 王允連環計／彩繪／台東忠合宮東港王廟

國家圖書館出版品預行編目 (CIP) 資料

跟著廟口說書人看廟趣：聽！郭喜斌戲說彩繪 ✕ 剪黏 ✕ 交趾 ✕ 木雕 ✕ 石雕
經典裝飾故事 / 郭喜斌著 . -- 初版 . -- 臺中市 : 晨星出版有限公司 , 2021.10
　面；　公分 . --（台灣地圖；49）
ISBN 978-626-7009-72-7（平裝）

1. 寺廟 2. 裝飾藝術 3. 民間故事 4. 臺灣

272.097　　　　　　　　　　　　　　　　　　　　110013742

線上讀者回函，
加入馬上有好康。

台灣地圖 **049**

跟著廟口說書人看廟趣：
聽！郭喜斌戲說彩繪✕剪黏✕交趾✕木雕✕石雕經典裝飾故事

作　　　者	郭喜斌
主　　　編	徐惠雅
執行主編	胡文青
校　　　對	郭喜斌、胡文青
美術編輯	李岱玲
封面設計	柳佳璋

創 辦 人	陳銘民
發 行 所	晨星出版有限公司
	台中市 407 工業區三十路 1 號
	TEL：04-23595820　FAX：04-23550581
	http：//star.morningstar.com.tw
	行政院新聞局局版台業字第 2500 號
法律顧問	陳思成律師
初　　　版	西元 2021 年 10 月 05 日

讀者專線	TEL：02-23672044 / 04-23595819#230
	FAX：02-23635741 / 04-23595493
	E-mail：service@morningstar.com.tw
網路書店	http：//www.morningstar.com.tw
郵政劃撥	15060393（知己圖書股份有限公司）
印　　　刷	上好印刷股份有限公司

定價 490 元
（如有缺頁或破損，請寄回更換）
ISBN：978-626-7009-72-7
Published by Morning Star Publishing Inc.
Printed in Taiwan